CHARLOTTE MAYOU

Charlotte und die Männer

Charlotte Mayou
Charlotte
und die Männer

Roman

© 2008 Charlotte Mayou

Herstellung und Verlag: Books on Demand Gmbh,
Norderstedt

ISBN-13: 9783837060027

**Bibliografische Information der Deutschen National-
bibliothek**
Die Deutsche Nationalbibliothek verzeichnet diese
Publikation in der Deutschen Nationalbibliografie; de-
taillierte bibliografische Daten sind im Internet über
http://dnb.d-nb.de abrufbar.

Inhalt

Charlotte und die Männer

Vorwort

Ach, die Männer in meinem Leben! Das ist so eine Sache für sich.

Wenn ich meine Geschichten auf diversen Partys wiedergebe, ernte ich entweder Mitleid oder schallendes Gelächter.

Darf ich euch das also vorenthalten? – Wohl nicht.

Also kämpft euch jetzt durch viele Seiten meines Liebeslebens und vergleicht, ob euch manches nicht bekannt vorkommt.

Übrigens, ich will kein Mitleid!

Lest, lacht und lernt.

Wegen der diversen Peinlichkeiten, die hier aufgedeckt werden, sind selbstverständlich die Namen der Personen sowie der Orte frei erfunden.

Inhaltlich verbürge ich mich allerdings für die Richtigkeit der Angaben.

Derartig vorbereitet, könnt ihr euch jetzt entspannt der Lektüre dieses anspruchsvollen Werkes widmen.

Zu Risiken und Nebenwirkungen lest die Packungsbeilage oder fragt euren Autor oder Apotheker.

Zurück auf Anfang

Schon als Baby habe ich alle vorhandenen Männer mit meinem Charme bezirzt. Zuerst nur meinen Vater, ein Jahr später mein kleines Brüderchen, dann kamen Onkels, Kinderärzte, Freunde ... dazu.

Ich war halt ein Sonntagskind, ein Sonnenschein und ständig am Lachen und Flirten. Nicht immer natürlich. Als Kleinkind war ich Papas ‚lieber Schwan' und war ganz stolz darauf.

Er sagte immer zu mir: „Was hast du denn jetzt schon wieder angestellt? – Du lieber Schwan!"

Eigentlich war ich stets die Brave und mein Bruder war der Rabauke. Ich glaube, er war so circa zehn Mal pro Jahr im Krankenhaus und musste genäht werden. Sechs Mal wurde er an der Augenbraue genäht, weil er seinem ‚Lieblingsspiel' frönte:

‚Wir leuchten mit einer Taschenlampe an die Decke und behalten den dort entstehenden Lichtpunkt im Auge, während wir uns immer schneller im Kreis drehen, bis wir irgendwann taumeln und hinfallen.'

Mein Brüderchen schaffte es ständig, genau gegen die scharfkantigen Rippen der Kinderzimmerheizung zu donnern und so die schönsten Platzwunden rund ums Auge zu fabrizieren. Meine Mutter war bald schon routiniert bei den anschließenden Rettungseinsätzen. Wir hatten damals kein Telefon. Mein Vater hatte das Familienauto mit zur Arbeit – das war allerdings egal, da meine Mutter bis heute keinen Führerschein besitzt. Also schnappte sie den blutenden Schreihals, wickelte ihm ein dickes Handtuch um den Kopf, klemmte ihn sich unter den Arm und rannte zum nächsten Nachbarn mit Telefon. Dann Taxi rufen, zum Krankenhaus düsen und nähen lassen. Ich musste zuhause warten, bis sie wieder da waren, während ich Todesängste um mein armes Brüderchen ausstand.

Zweimal fuhr der kleine Rabauke dann mit dem Fahrrad gegen eine Mauer. Natürlich mit dem Kopf voran und ohne Helm.

Einmal hackte ein Freund von ihm mit einem Pickel ein Loch in den harten Lehmboden und traf beim Ausholen den Hinterkopf meines Bruders.

Bis dahin war ich an den Verletzungen meines Bruders nicht beteiligt. – Bis dahin!

Wir hatten im Garten eine selbstgebaute Schaukel. Natürlich gab es ständig Streit, wer zuerst schaukeln durfte. Mein Bruder gewann fast immer. Eines Tages wurde ich so sauer, dass ich versuchte ihn von der Schaukel zu zerren, um mich schließlich mit meinem ganzen Gewicht auf ihn zu werfen. Das überlebte die Schaukel nicht. Und mein Bruder fiel mit dem Kopf auf einen spitzen Stein. Oje, gab das einen Ärger!

Meine Mutter hatte das Ganze heimlich beobachtet. Davon wusste ich leider nichts. Sie fragte uns mit harmloser Miene, wie der Unfall denn passiert sei. Und ich schwindelte natürlich und behauptete, ich wäre nicht daran beteiligt gewesen. Fürs Lügen durfte ich dann erfahren, dass man einen Kochlöffel nicht nur zum Soßen umrühren benutzten kann. Noch heute habe ich die größten Schwierigkeiten zu lügen! Aber es kam noch dicker.

Mein Vater war Schneider von Beruf und es stand immer eine Nähmaschine bei uns herum. Gott sei Dank eine mit Fußpedal und keine elektrische. Eines Tages wollten mein Bruder Mario und ich das Ding mal näher unter die Lupe nehmen. Mario untersuchte gerade die Nadel, als ich das schöne große

Schwungrad an der Seite entdeckte und kräftig daran zu drehen begann. Oh weh – konnte mein Bruder laut brüllen! Ich hatte doch nur ein bisschen seinen Zeigefinger durchbohrt und das noch ohne Faden! Meine Mutter war aber alles andere als begeistert und mein Hintern später auch nicht mehr.

Danach hatte ich nur noch unter meinem Bruder zu leiden. Ständig probierte er neue Judogriffe an mir aus. Einmal hielt er mich so heftig im Schwitzkasten, dass ich mich nicht frei strampeln konnte und kaum noch Luft bekam. Auf meine Hilfeschreie reagierte niemand. Da biss ich Mario aus lauter Verzweiflung in den Oberschenkel! Er begann fürchterlich zu schreien und meine Mutter kam prompt angerannt. Ratet mal, wer den Ärger bekam? Na klar! Ich! Und ich hatte doch gerade die Meisterleistung vollbracht und so kräftig durch eine Jeanshose gebissen, dass man die Abdrücke meiner Zähne noch Tage später sehen konnte.

Vielleicht kann ich mit diesen frühkindlichen Trauma-Erlebnissen mein leicht gestörtes Verhältnis zur Männerwelt begründen.

Ich war ein absoluter Spätentwickler. Total naiv, verklemmt und schüchtern. Mit sechzehn spielte ich noch mit Puppen. Ich hatte vielen Freundinnen, aber die einzigen Kontakte zu Jungs waren die zu den Freunden meines Bruders. Den ein oder anderen bewunderte ich zum Beispiel, weil er so gut Gitarre spielen konnte, oder weil er sich gut in Mathe auskannte. Aber damit war es auch schon genug.

Meine Freundinnen und ich hatten später eine Band. Wir übten immer bei Carmen, da deren Eltern ein großes Gartenhaus zum Party-Machen besaßen.

Dort konnten wir nach Herzenslust üben. Mario spielte Akkordeon oder Hammondorgel, Carmen Klarinette oder Saxophon, Moni Saxophon oder Klavier und ich war für Gitarre und Gesang vorgesehen. Aufgetreten sind wir zwar nie, aber Spaß machte es uns doch. Wir spielten mit Hingabe Beatles, Elvis und Folksongs.

Dort in dem Gartenhaus konnten wir auch Partys feiern. Bei meinen Eltern im Keller durften wir das zwar auch, aber meine Mutter kam ständig, um nach dem Rechten zu sehen, brachte Schnittchen und Getränke und wollte spionieren. Dann wurden kurze Anekdoten über Charlotte in Windeln zum Besten gegeben, bevor sie wieder verschwand. Ich konnte mich nur schamgebeutelt in eine Ecke zurückziehen, bis alle das Thema gewechselt hatten.

Also feierte ich selbstverständlich lieber bei Carmen. Deren Eltern war der Weg ins Gartenhaus zu weit und so blieben wir weitgehend von ihnen verschont.

Mit siebzehn verliebte ich mich das erste Mal unsterblich, allerdings rein platonisch, und bis heute weiß niemand etwas davon.

Wir waren eine Clique von sechs bis acht Leuten, die sich regelmäßig trafen. Wir gingen ins Kino, zum Eislaufen, Kaffee trinken oder wir trafen uns bei einem aus der Clique zu Hause.

Darunter auch Jürgen Schmacht! - ein Student. Groß, dunkelblond mit Brille. Er war unwahrscheinlich nett zu mir und wir vertrauten uns ziemlich viel an. Immer wieder bestätigte er mir, wie lieb er mich gewonnen habe.

Meine beste Freundin Carmen hatte ein Auge auf den Freund von Jürgen geworfen und schwärmte mir laufend von ihm vor. Jochen hier, Jochen da. Er war Polizist und sah nicht schlecht aus. Ich traute mich allerdings nicht, ihr von meiner Schwärmerei für Jürgen zu erzählen.

Ein Fehler, wie sich später herausstellte.

Denn Jürgen interessierte sich natürlich brennend für Carmen und schmachtete sie ständig an.

Seine Gefühle für mich formulierte er folgendermaßen:

„Charlotte, ich liebe dich!" (Hach, wie isses schön! - Weiter so!)

„Wie eine kleine Schwester!" (Schwester? Ich hör wohl nicht richtig! Ich geb' dir gleich Schwester! Das ist ja eine bodenlose Frechheit!)

Für mich stürzte der Himmel ein. Natürlich bat er seine ‚kleine Schwester' ein gutes Wort bei Carmen für ihn einzulegen.

Und Carmen - die Romantikerin - sagte mir später wörtlich: „If you can't have the one you love, love the one you are with!" – zu deutsch: „nimm was du kriegen kannst!"

Ich hatte wohl nie eine echte Chance. Damals musste ich immer um 22:00 Uhr zu Hause sein, also schon um 21:30 Uhr in der Stadt den Bus nehmen. Auf Partys am Wochenende durfte ich bis Mitternacht bleiben und wurde dann von meinem Papi abgeholt (In dem Alter! Wie peinlich!) und das auch noch an Silvester! Da ging es um diese Uhrzeit doch erst richtig los!

Na ja - Jürgen und Carmen sind heute noch zusammen. Und der studierte Jürgen fährt heute Briefe bei der Deutschen Bundespost aus. Er hat mich fünfundzwanzig Jahre später auf Anhieb wiedererkannt.

Ich ihn übrigens nicht!

„Vor fünfundzwanzig Jahren? Carmen? Ach der Jürgen! Du hattest aber auch schon mal mehr Haare!" Mit Ehrlichkeit kommt man nicht immer weiter. Wir sahen uns nach diesem letzten Treffen nie mehr wieder. Weiß gar nicht warum ...

Endlich Volljährig

Nur ein Jahr später hatte ich dann meinen ersten Freund.

Er war richtig schnuckelig. Ein Schreinerlehrling aus dem Nachbarort.

Martin war genau mein Typ! Groß, dunkle Haare, dunkle Augen und sehr sportlich.

Dazu noch süße siebzehn, aber ausgekocht wie Don Juan.

Er schreinerte mir Blumenhocker und Schmuckkästchen, um mein Herz zu erwärmen. Das wurde dann auch – dank des vielen Holzes – im Nu entflammt.

Wir unternahmen viel zusammen. Musik hören (Police und Westernhagen), auf Partys gehen, mit Freunden rumhängen. Aber irgendwas fehlte noch.

Meine Schulfreundinnen hatten schon die ersten Kinder und ich war noch ungeküsst. Das konnte nicht so weitergehen. Da reichte es nicht mehr, nur händchenhaltend spazieren zu gehen und unschuldige Küsschen auszutauschen. Also fingen wir an wild rumzuknutschen. Für Martin war ich nicht die erste Freundin. Er wollte also noch mehr. Na, dann streichelten wir uns halt wie die Wilden. Er wollte noch mehr!

Nach etlichen Versuchen mich aus der Affäre zu ziehen (naives, verklemmtes Dummchen eben) fummelten wir dann aufs heftigste bis hin zum ausgewachsenen Petting.

Er wollte immer noch mehr!

Dieser unersättliche Knabe. Das ging doch nun wirklich nicht. Das wäre ja Verführung Minderjähriger.

Da musste ich mich als Vernunftmensch dann schweren Herzens von ihm trennen.

Uff! Noch mal davon gekommen.

Ich war halt noch nicht so weit – oder er war eben nicht der Richtige.

Verbotene Liebe

Ein Jahr später war ich dann so was von so weit, so weiter ging's nicht.

Ich hatte eine Lehre zur Hotelfachfrau angefangen. Dort legte ich meine Schüchternheit erst allmählich und dann immer schneller ab. In jeder Beziehung.

Meine Chefin musste mich anfangs mit den Kaffeekännchen zu den Frühstücksgästen treten. Am liebsten wäre ich für immer in der Küche verschwunden und hätte kalte Platten hergerichtet oder Geschirr gespült. Das ging ja leider nicht – oder Gott sei Dank.

Ich merkte relativ schnell, dass ich ein Händchen für Menschen habe. Zuerst wurde meine ‚Schmusestimme' fürs Telefon geschult.

„Die Stimme ist die einzige Verbindung, die wir mit unseren Gästen haben!"

Dann gab es sehr freche Gäste, denen ich mich erwehren musste. Allen voran Dieter Groß. Er klatschte mir ständig seine Hand auf den Hintern, wenn ich im Restaurant an seinem Tisch vorbeikam. Ich versuchte ihm höflich aber bestimmt klar zu machen, dass ich so was gar nicht gut finde. Er lachte nur und ärgerte mich weiter mit Worten oder Taten.

„Eins zu Null für mich, Charlotte!" Er grinste ständig. Oder wenn mir eine Retourkutsche gelang, kam auch mal ein: „Vier zu eins, Charlotte! Aber noch liege ich in Führung."

Er ließ sich doch tatsächlich von mir seinen Aktenkoffer auf sein Zimmer bringen. Der war wohl kaum zu schwer für ihn. Und dann sperrte er die Zimmertür hinter uns ab und zog den Schlüssel aus dem Schloss.

„Und? Angst?", fragte er mich.

„Nein! Ich kann laut schreien!", antwortete ich. Gott sei Dank konnte er meine schlotternden Knie unter dem weiten Kittel nicht sehen.

Er ließ noch ein paar dumme Sprüche los, so nach dem Motto: „Du würdest doch nicht wirklich schreien? Das wäre super peinlich für dich! Du hast wohl vor allen Männern höllische Angst?!"

„Nein", antwortete ich ihm. „Aber wenn Sie mich nicht sofort aus dem Zimmer lassen, wird es Ihnen noch leid tun!"

„Huh – da krieg ich aber Angst. Ist ja gut, ich lass dich ja schon raus! Das war ja nur ein Test! Ich bin ja schließlich kein Unmensch!", entgegnete er und schloss endlich wieder die Tür auf. Ihr könnt euch also vorstellen, dass ich diesen Knilch gefressen hatte.

Dann kam der folgenschwere Morgen, als Dieter Groß mal wieder abreisen wollte.

Er stand mit mehreren Kollegen an der Rezeption, als ich ihm seine Rechnung überreichte. Da hatte er doch die Frechheit, mir das Geld in meinen Ausschnitt zu stopfen und dabei seine Kollegen beifallheischend anzugrinsen.

Wie ein Reflex zuckte meine Hand vor und klatschte ihm mitten in seine grinsende Visage. Er wollte gerade zu einer saftigen Rüge ansetzen und verlangte dazu die Geschäftsführerin zu sehen, da kam diese laut applaudierend um die Ecke und rief:

„Bravo, Charlotte! – Zehn zu Null für dich!", und zu Dieter Groß gewandt: „Das geschieht Ihnen Recht!"

Da mussten alle Anwesenden lachen – einschließlich des Grabschers.

Von da an hatte ich bei ihm und seinen Kollegen einen Stein im Brett. Und was für einen!

Einer seiner Kollegen hieß Karl-Heinz Schmitz, aber alle nannten ihn nur Charly. Charly war ein absoluter Traumtyp. Er war sechsunddreißig, sah aus wie Chris de Burgh und arbeitete bei einer Plattenfirma. Außerdem war er äußerst charmant zur Damenwelt. Und zu mir!

Obwohl ich wusste, dass er verheiratet war, und obwohl er nur zwei Tage die Woche in der Stadt war, funkte es zwischen uns mächtig. Er lud mich ständig zu Essen ein und irgendwann sagte ich zu.

Es durfte nur niemand davon erfahren. Meine Chefin nicht, da es uns verboten war mit Gästen auszugehen, und meine Eltern nicht, da er siebzehn Jahre älter als ich und verheiratet war.

Na, mir jedenfalls war das alles so was von egal. Ich hatte die ungeteilte Aufmerksamkeit von dem nettesten und begehrtesten Stammgast unseres Hotels – und das war ja was!

Eine ganze Zeit lang gingen wir ‚nur' miteinander aus. Das ‚nur' bei Charly war aber schon ziemlich heftig. Wir knutschten, bis der Arzt kam – natürlich im übertragenen Sinne. Dann war es unweigerlich so weit. Wenn ich noch länger an meiner Jungfräulichkeit festgehalten hätte, hätte ich ihn wohl verloren. Also beichtete ich ihm, dass ich noch Jungfrau war.

„Das gibt's doch nicht! Da gibt es auf der ganzen Welt nur eine neunzehnjährige Jungfrau und ich hab sie erwischt!", meinte Charly und grinste von einem bis zum anderen Ohr.

Was soll ich sagen - am nächsten Morgen gab es keine einzige neunzehnjährige Jungfrau mehr auf der ganzen Welt!

Jetzt ging die Heimlichtuerei erst richtig los. Wir konnten uns schlecht in meinem Zimmer bei meinen

Eltern treffen, also mussten wir uns auf seinem Hotelzimmer sehen.

Zum Glück war es ein kleines Hotel und die Rezeption war hinter einer Zwischentür im zweiten Stock. Wir schlichen uns in den Aufzug und fuhren gleich zu seinem Zimmer in den vierten Stock rauf. Dann ein kurzer Sprint zu seiner Zimmertür und wir waren in Sicherheit.

Na ja – fast! Denn die Wände in solchen Hotels sind doch sehr dünn! Dazu später mehr.

Aber die Heimlichtuerei gab der ganzen Affäre den letzten Kick. Spannung pur sage ich euch!

Seine und meine Freunde wussten natürlich darüber Bescheid. Sie halfen dann auch so gut sie konnten das Geheimnis zu wahren.

Es vor meinen Eltern zu verheimlichen war ein schönes Stück Arbeit. Wenn ich abends wegging, erzählte ich natürlich, dass ich meinen Freund Charly träfe. Auch dass er Vertreter und nur zweimal die Woche im Saarland war, erzählte ich – so weit wie möglich bei der Wahrheit bleiben eben. Aber das war es auch schon.

In meinen Erzählungen war er sechsundzwanzig Jahre alt, groß, blond und äußerst charmant (was ja nicht gelogen war). Meine Eltern wollten den jungen Mann natürlich unbedingt kennenlernen.

Ich schaffte es tatsächlich, es ein Jahr hinauszuzögern mit gekonnt gesponnenen Ausreden, warum es mal wieder nicht geklappt hat. Dann wurde es schier unmöglich. Ein Treffen musste her – und damit ein vorzeigbarer, großer, blonder Mann, dem man die siebenundzwanzig Jahre abnehmen konnte.

Zuerst dachten wir an Steve, einen Disk-Jockey, den wir beide kannten. Der war blond, siebenundzwanzig Jahre alt, aber nur einssechzig groß und sehr gut beisammen.

Wir versuchten ein Foto von Steve und mir zu machen. Mann, war das schwierig. Ich setzte mich auf die Couch und Steve saß daneben. Er sah aus wie mein kleiner Bruder – fast einen Kopf kleiner.

Darum platzierten wir ihn auf mehrere Kissen. Das war dann erst recht lächerlich. Sein Nabel befand sich etwa in meiner Brusthöhe. Schade dass ich die Fotos nicht mehr habe. Ich denke ihr hättet genau so gelacht wie wir.

Charly hatte eine neue Idee. Die war zwar heikel, konnte aber funktionieren.

Dieter Groß! Er war zwar schon zweiunddreißig, doch da konnte man sicher ein paar Jährchen runterschummeln. Natürlich sträubte er sich anfangs mit Händen und Füßen dagegen.

Er kam mir vor wie unsere Katze, die wir in den Transportkorb zu zwängen versuchten, um mit ihr zum Tierarzt zu gehen. Sie schien auf einmal acht Pfoten zu haben und eine Kraft wie Schwarzenegger. Aber mit einem Trick – den Transportkorb hochkant und dann die Katze aus einem Meter Höhe reinplumpsen lassen – schafften wir auch das.

Ganz so leicht ging es mit Dieter natürlich nicht. Ich hatte keinen so großen Transportkorb! Aber mit ein paar Einladungen zum Essen und einer Konzertkarte für das nächste Saga-Konzert funktionierte es dann doch.

Dann kam der große Tag! Meine Eltern fanden ihn ja so sympathisch. Und Dieter nutzte natürlich die Gelegenheit, kräftig rumzufummeln. Ständig versuchte er mich zu küssen. Er trug auch ziemlich dick auf, aber meinen Eltern fiel zum Glück nichts auf.

Dieses eine Treffen lief sogar so gut, dass wir kein zweites mehr brauchten, obwohl Charly und ich noch ein weiteres Jahr zusammen waren.

So – jetzt aber wie versprochen zurück zu den dünnen Wänden im Hotelzimmer.

Charly hatte ein neues Buch besorgt. Das Kamasutra! Er meinte es wäre lustig, das mal durchzuprobieren.

Lachen mussten wir wirklich viel. Aber für die meisten Übungen müsste man ein Schlangenmensch sein, bzw. zwei. Da mussten wir natürlich öfters mal laut quieken. Und einmal probierten wir was aus, da muss die Frau auf dem Kopf stehen und der Mann ...; ach kauft euch doch das Buch selber!

Jedenfalls fielen wir beide mit einem lauten Plumps vom Bett und krachten auf den Boden. Danach gab es Gestöhne und Gelächter, als wir uns gegenseitig die Wunden leckten.

Charly und ich hatten immer ein Zimmer direkt neben Dieter.

Der hatte des öfteren Damenbesuch auf seinem Zimmer. Allerdings nie zweimal von der gleichen Dame. Er wollte sich aber auch amüsieren und fragte uns, was wir immer so machen, da bei uns immer so eine tolle Stimmung mit viel Gelächter wäre.

Daraufhin fragte ihn Charly: "Kennst du ‚Russisch'?"

Dieter meinte daraufhin: „Nein! Wie geht denn das?"

Charly erwiderte todernst: „Du setzt die Frau vorne auf deinen Schoß und galoppierst mit ihr durchs Zimmer – Bett auf und Bett ab! Dabei klatscht du ihr auf den Hintern und schreist laut 'Jippihh'. Wir haben dabei immer einen Riesenspaß!"

Dieter blickte ihn mit weit geöffneten Augen an und murmelte nur: „Ach ja?"

Ein paar Tage später lagen wir auf Charlys Lotterbett und unterhielten uns gesittet, als wir seltsame Laute aus dem Nachbarzimmer hörten.

Eine Frauenstimme kreischte im schlimmsten Dialekt: „Loss mich runna! Awwa sofort! Isch will runna! ..."

Könnt ihr euch unser Gelächter und Gejohle vorstellen? Wir wälzten uns mit Tränen in den Augen auf dem Bett und hielten uns die Bäuche vor Lachen. Es war herrlich!

Und dann am nächsten Morgen beim Frühstück!

Ich konnte ja offiziell nichts davon wissen. Dieter saß total geknickt am Tisch, als Charly hereinkam.

„Und – schon mal ,Russisch' ausprobiert? Wie war's?"

„Ach lass mich bloß in Ruhe!", brummte Dieter mit total mürrischem Gesicht.

Da wurde natürlich meine Chefin neugierig. „,Russisch'? Was ist denn ,Russisch'?"

Dieter wurde ganz blass und starrte sie entsetzt an.

Charly meinte lapidar: „Das ist eine neue Verkaufsstrategie."

Da musste ich mich aber sputen, damit ich in die Küche kam, bevor ich mit lautem Lachen herausplatzte. Kurz und gut, das war ein gelungener Vormittag.

Ach – es war einfach eine schöne Zeit mit Charly. Aber bekam hat er eine andere Verkaufsroute und konnte nur noch alle vierzehn Tage einen Tag in der Stadt sein. Gleichzeitig war auch meine Lehre zu Ende und mein neuer Job führte mich vom Saarland in die schwäbische Alb.

Mit Charly endete es ganz problemlos. Ich hatte von vorne herein gewusst, dass ich nur eine Affäre für ihn bleiben würde.

Meine Chefin sprach mich Jahre später darauf an, dass sie die Vermutung gehabt hätte, zwischen mir und einem Gast wäre was gelaufen. Ich bejahte.

Sie nannte einen Namen – natürlich den falschen. Als ich ihr sagte, dass es Charly war, war sie richtig enttäuscht.

„Mein Charly? Das glaube ich nicht! Das hätte ich doch gemerkt!" Hatte sie aber nicht.

Und auch meine Eltern erfuhren es erst, als alles vorbei war. Sie steckten es nicht ganz so leicht weg, da sie erschrocken waren, wie gut und überzeugend ich lügen konnte. Das hat sie maßlos enttäuscht. Ich glaube, da hatten sie beide Jahre dran zu knabbern. Ich war halt vorher immer so offen und folgsam gewesen.

„Gerade dir haben wir vertraut! Gerade von dir hätten wir so was nicht erwartet!"

Trotzdem möchte ich diese Zeit keinesfalls missen. Ich glaube, dass das alles zu meiner Ausbildung dazugehörte. Es hat mich menschlich geformt.

Durststrecke

Dann kam ein sehr interessanter Abschnitt meines Lebens. Ich lebte und arbeitete für circa neun Monate im Schwabenland. Danach bin ich zurück ins Saarland geflüchtet. Warum? – Na, lest selbst.

Meine neue Chefin, Frau Weller, war eine sehr ,sparsame' Frau.

Sie sagte selbst von sich: „Lieber kaufe ich mir ein neues Hotel als ein neues Kleid."

Und so sah sie auch aus. Sie besaß wohl drei Dirndl, die sie abwechselnd trug. Ich habe sie nie in etwas anderem gesehen. Die Hotelwäsche wusch und mangelte sie selbst. Und das in einem Zweihundert-Betten-Haus.

Wenn Post kam, schnitt sie die Briefmarken, auf denen der Stempel kaum zu sehen war, einfach aus und klebte sie wieder auf neue Briefe.

Ihre Familie arbeitete im Hotel. Ihr Mann managte die Küche zusammen mit einem der Söhne, die Tochter war das Mädchen für alles, und ansonsten hatte sie immer noch so zwei bis drei Lehrlinge (die kosten nicht so viel) und eine ausgebildete Hotelfachfrau – mich.

Ihr zweiter Sohn war total aus der Art geschlagen. Er studierte Malerei und Kunstgeschichte an der Uni und lebte auch nicht in dem Hotel. Auf ihn war sie seltsamerweise sehr stolz.

Jedes Familienmitglied fuhr selbstverständlich einen dicken Mercedes oder BMW, außer dem Maler, der lieber mit seiner Ente durch die Gegend tuckerte.

Nicht selten aß die Familie Sachen, welche die Gäste auf Platten zurückgehen ließen.

Das war nichts für mich. Auch ich war sparsam und konnte mir deshalb ein Auto leisten, aber was zu weit geht, geht zu weit!

An meinem Gehalt sparte die Hotelierfrau auch und so musste ich für einen Appel und ein Ei jede Menge Überstunden machen.

Mein Zimmer im Hotel sah aus wie ein Krankenhauszimmer. Ganz weiß mit einem Metallbett Marke Klinik, einem kleinen Metalltisch und einem Stuhl. Sogar der Schrank war weiß, allerdings aus Holz. Sehr apart und heimelig!

Auch die Umgebung war sehr inspirierend. Schöne Natur – und gleich so viel davon! Der Ort hatte eintausend Einwohner. Bestimmt fünfhundert davon in den beiden großen Hotels, denn es gab nur eine handvoll Häuser, eine Post und einen Tante-Emma-Laden. Wo also hatten sich die Einwohner versteckt?

Weihnachten rückte näher. Ich wusste, dass ich das Fest im Hotel feiern musste, da ich nicht frei bekam. Also verabredete ich mit den beiden Lehrlingen, dass wir am ersten Feiertag in eine Disco gehen, um mal richtig abzutanzen. Steffi bot sich als ortskundige Führerin an.

Ich packte die beiden in meinen kleinen Fiat Panda (vierunddreißig PS) und los ging's. Im Tiefschnee die schwäbische Alb hoch. Ein ‚Spaß', sage ich euch! Es war ja Feiertag, also nicht gestreut. Die Berge waren richtig steil und mein Panda ächzte und stöhnte und rutschte. Irgendwann rutschte er nur noch rückwärts bergab.

Steffi und Moni mussten raus und schieben. Und das im Disco-Dress! Wir hatten uns so fein gemacht und jetzt das! Als wir endlich an der Disco ankamen, waren wir alle durchnässt. Steffi und Moni vom Schneematsch und ich war schweißgebadet.

Aber der Discobesuch sollte uns entschädigen. Was mich bloß stutzig machte war, dass die Disco gar nicht feierlich geschmückt war. Alles schwarz, schlecht beleuchtet und auch das Publikum sah sehr trist aus. Alle in schwarz gekleidet mit düsterem Blick. Wir sind ja gar nicht aufgefallen mit unseren glitzernden Pailletten-Tops und den bestickten Jeans (achtziger Jahre halt).

Es war die große ‚Punk-Nacht'. Spätestens als die Musik losging, war uns das klar. Ein paar Gruftis steuerten die Tanzfläche an und wälzten sich in ihren Kettenhemden zuckend auf dem Boden, während andere nur am Rand standen und unablässig mit dem Kopf nickten wie die Wackeldackel auf der Hutablage.

Nach einem Drink und vieler unangenehmer Blicke der anderen Gäste verdrückten wir uns schleunigst. Die Alb runter ging es dann fast wie von selbst. An einer Tankstelle besorgten wir uns noch eine Flasche ‚Baileys' und dann konnte der Abend auf meinem Zimmer doch noch gemütlich ausklingen.

Auch die Sprache ist im Schwabenland sehr ungewöhnlich. Mit den Uhrzeiten hatte ich es anfangs gar nicht so leicht.

Bei einem Saarländer ist es ganz einfach Viertel vor oder Viertel nach sieben. Jedem ist klar, was damit gemeint ist. Die Schwaben hingegen sagen ‚viertel siebene' und meinen damit Viertel nach sechs oder ‚dreiviertel siebene' was dann Viertel vor sieben bedeutet.

Sie erklärten mir natürlich die höhere Logik dieser Ausdrucksweise. Es wird immer die Zeit genannt, die schon vergangen ist, um die nächste volle Stunde zu erreichen. Toll! Nach dieser Erklärung schaffte ich es endlich, immer pünktlich zum Dienst zu erscheinen.

Danach machte ich mit den Lehrlingen Sprachkurse und wir mussten sehr lachen. Was denen an den Saarländern am suspektesten erschien, war die Tatsache, dass wir immer alle Personen mit ‚es' betiteln. ‚Es Steffi hat morgen Frühschicht' zum Beispiel. Wir meinen das nicht abwertend, sondern das ist halt einfach so. Von da ab war ich immer ‚Es-Charlotte' mit der Betonung auf ‚es'.

Ich verstand oft gar nicht, was die Schwaben mir erzählten. Es klang fast wie Englisch oder so. Irgendwann guckte ich die Kollegen wieder so verzweifelt an, weil ich wieder nur Bahnhof verstanden hatte, da erbarmten sie sich und sprachen ‚hochschwäbisch'. Von da an klang es nicht mehr ganz so, als hätten alle eine Wolldecke im Mund.

Ein Beispiel möchte ich gerne anführen. Im allgemeinen Sprachgebrauch gibt es das Kehrblech. Auf saarländisch heißt das Ding ‚Dreckschippchen' und auf schwäbisch ‚Guddaschaafel'. Ihr versteht hoffentlich meine anfängliche Verwirrung. Aber man gewöhnt sich an alles.

Im Schwabenland entdeckte ich leider nicht die tollen Männer. Nur zuckende Punks in der Disco und Mamasöhnchen im Hotel. Die Hotelgäste waren auch meist jenseits von Gut und Böse. Das Hotel war an ‚Wandern ohne Gepäck' angeschlossen. Also alles Wandervögel. Die kamen abends müde von der schwäbischen Alb geklettert und fielen gleich ins Bett, falls denn ihr Gepäck im richtigen Bus und somit im richtigen Hotel gelandet war. Die Dörfler waren auch alles andere als prickelnd und zum größten Teil vergeben.

Ich weinte meiner Zeit im Schwäbischen keine Träne hinterher.

Jetzt wird's ‚lehrreich'!

Nach nur neun Monaten war ich wieder im Saarland und nahm dort einen neuen Job im Steakhaus Cordoba an. Der Chef meinte, dass er eine Assistentin benötige, ich mich aber vorher erst mal als Kellnerin bewähren solle. Sobald er dann sehen würde, was ich so könne, würde er mich zur Geschäftsführerassistentin machen.

Also frisch ans Werk!

Das musste erst mal gefeiert werden. Ich bin alleine in meine Stammkneipe gegangen, da es sich noch nicht herumgesprochen hatte, dass ich den Schwaben entkommen war. Ich saß da also und quatschte mit der Bedienung (männlich, unheimlich nett, unheimlich gutaussehend und ... unheimlich schwul) über die Sch ...-Schwaben. Meine Güte, haben wir gelästert.

Da mischte sich ein junger Mann von der anderen Seite der Theke ein und lästerte kräftig mit. Als sich das Lokal langsam füllte und meine hübsche Bedienung keine Zeit mehr für mich hatte, setzte sich der junge Mann zu mir.

Im Gespräch stellte sich heraus, dass er Horst hieß und normalerweise nie hier in diesem Lokal war. Zufall eben? Er sei Student und studiere auf Lehramt. Ein angehender Lehrer also. Er war groß, hatte blonde Locken und blaue Augen und den typischen Lehrerbart. Einmal um den Mund rum und akkurat gestutzt. Nachdem das Gespräch noch weitere zwei Stunden so dahingeplätschert war, kamen wir überein das zu wiederholen. Schon beim dritten Treffen war uns beiden klar: Der (bzw. die) ist es und wir kamen zusammen.

Horst war nur ein paar schlappe Jährchen älter als ich und äußerst seriös. Anfangs war es eine Superbeziehung und ich schwebte auf Wolke sieben.

Er schrieb an seiner Examensarbeit und ich tippte seine gesamten geistigen Ergüsse monatelang in den PC. Wieder und immer wieder. Langsam arbeitete ich mich in die Materie ein. Er wollte Berufsschullehrer für Techniker werden und machte da auch sein Referendariat. Er stellte mich relativ schnell seiner Familie vor. Ich verstand mich mit allen gut.

Und auch meine Eltern waren äußerst zufrieden. „Endlich mal einen Freund zum Anfassen."

So hätte es immer weitergehen können.

Horst war im Männergesangsverein. Seine besten Freunde waren ein Ehepaar aus dem Nachbarort. Der Mann, Peter, ging in den gleichen Gesangsverein und seine Frau, Katarina, lud mich freitags immer zu sich ein, wenn die Männer zur Probe mussten. Zuerst quatschten wir nur, später luden wir immer mehr gemeinsame Freunde ein. Aus dem Freitagabend wurde ein Spiel-Abend. Wir kauften uns alle möglichen Gesellschaftsspiele und probierten alle aus. Bald waren die beiden Sänger fast neidisch, dass sie zu ihrer langweiligen Chorprobe mussten.

Katarina war sehr aufgeschlossen für alles Neue. Sie liebte alles Esoterische. Bei ihr gab es jede Menge Bücher über Traumdeutung, und vor allem das Pendeln hatte es ihr angetan. Sie glaubte doch tatsächlich, das zweite Gesicht zu haben. Sie glaubte an Hexen.

Einmal hatte ihrer Tochter eine Bekannte einen Spiegel geschenkt. Als dann die Tochter häufig im Schlaf hochschreckte und dann auch noch krank wurde, behauptete Katarina glatt, die Bekannte wäre eine Hexe und der Spiegel diene ihr dazu, in das Schlafzimmer des Kindes einzudringen und dieses zu beeinflussen.

Die Bekannte wurde nie mehr angerufen und der Spiegel wurde entsorgt. Wohlgemerkt nicht zerschlagen, denn dann hätte Katarina sieben Jahre Unglück gehabt.

Wie verrückt Katarina wirklich war ging mir erst viel später auf.

Jetzt aber zurück zu Horst. Ich wohnte immer noch bei meinen Eltern, verbrachte darum viele Abende und das Wochenende bei ihm in der Wohnung. Horst meinte, ich solle doch, da ich seine Zimmer auch bewohne, bitte regelmäßig putzen. Erst grinste ich ihn an, da ich meinte, das könne ja wohl nicht sein Ernst sein. Ihm beim Putzen helfen okay, aber alles alleine machen – irgendwie wäre das ja wohl lächerlich. Er wohnte schließlich auch da. Aber – er meinte es tatsächlich ernst. Und Charlotte machte! Nebenbei, wohlgemerkt, war ich auch seine Tippse.

Nachdem unsere Beziehung etwa ein Jahr lang gut funktioniert hatte, wurde Horst von einem Tag zum anderen impotent. Das geht schon vorüber, dachte ich in meinem noch jugendlichen Leichtsinn. Helfe ich ihm halt noch mehr und versuche alles um ihn zu stimulieren. Und das könnt ihr wörtlich nehmen! Ich versuchte wirklich alles. Nichts war mir zu peinlich. Normalerweise besprach ich vorher alles mit Katarina. Sie fand die Ideen zwar gewagt, aber doch gut.

Horst hing beispielsweise immer nur noch vor der Glotze herum und schaute Nachrichten. Sämtliche Nachrichten! In allen damals verfügbaren Sendern. Also musste ich ihn geschickt davon ablenken. Ich legte einen heißen Striptease direkt vor der Matt-

31

scheibe hin. Und was verrenkte er sich, um nichts von seinen heißgeliebten Nachrichten zu verpassen!

Mein sauer verdientes Geld legte ich in Reizwäsche und heißen Miniröcken an. Er beachtete nichts davon.

Einmal vergewaltigte er mich auf der Couch (in einer Werbepause) beinahe. Er hatte es so eilig, dass er nicht mal merkte, als ich von der Couch direkt auf die scharfkantigen Beine seines Couchtischs knallte und ein paar Momente weggetreten war. Horst wollte wohl die ihm unangenehme Prozedur schnellstens hinter sich bringen, um dann wieder in Ruhe vor dem Fernseher dahin zu vegetieren.

Davon hatte ich also auch wieder nichts! Irgendwie war der Wurm drin.

Katarina fing an mir zu erzählen, dass sie und Horst Seelenverwandte seien und er seit Jahren immer nur sie geliebt habe. Eine Beziehung sei nur nicht daraus geworden, weil sie Mann und Kind habe. Aber eine ernsthafte Beziehung mit einer anderen Frau könne er deshalb nicht eingehen.

Eine echt ,gute Freundin' eben. Ich glaubte ihr natürlich nichts, aber ich erzählte ihr auch nichts mehr.

Einen Versuch mit Horst machte ich dann doch noch. Der ging allerdings gründlich in die Hose. Ich hatte mir überlegt, was ihm am besten an mir gefallen hatte. Dass ich ihm die ganze Wohnung geputzt hatte, ohne je richtig dort gewohnt zu haben. Daraus ließe sich doch sicher etwas machen. Ich zog also die schärfste schwarze Reizwäsche an, die ich finden konnte – so mit Netzstrümpfen und hohen Hacken. Dazu kombinierte ich ein gestärktes Servierschürzchen und vom letzten Karneval ein Schwesternhäubchen. Ein Wischtuch, Scheuermilch – perfekt!

Als Horst von der Arbeit kam, war ich in dieser Montur dabei, die Badewanne zu schrubben.

Ich drehte mich strahlend um und fragte: „Na mein Schatz, schon zu Hause? Was könnten wir wohl jetzt anstellen?"

„Ist doch klar! Du putz mal schön fertig und ich geh die Nachrichten gucken."

War das eine Enttäuschung.

Als er mich eine viertel Stunde später doch aufs Bett zerrte, um seinen ‚ehelichen' Pflichten nachzukommen, fühlte es sich eher wie eine Bestrafung an. Spaßfaktor: Null Komma nichts.

Zwei Tage später tat mir meine ‚Freundin' Katarina doch noch einen Gefallen. Sie erzählte mir ganz geknickt, dass sie wohl doch nicht die Traumfrau von Horst sein könne, da er wieder mit seiner Ex-Freundin schlafe und das schon eine ganze Weile.

Da krallte ich mir Horst aber schleunigst und stellte ihn zur Rede.

Er gab alles zu. Vor drei Jahren habe ihn seine Ex-Freundin verlassen und sei zu ihrem Ehemann zurückgegangen. Das Schicksal (oder Katarina mit dem Pendel?) habe ihm gesagt, dass er sie nach drei Jahren auf wunderbare Weise zurückbekommen würde. Als die drei Jahre vorüber waren, rief mein Horst (der scheinbar dem Schicksal nicht vertraute) seine Angebetete kurzerhand an. Sie hatte sich gerade scheiden lassen und die beiden kamen wieder zusammen. Er hat mich also schon wochenlang betrogen.

Da interessierte es mich doch, warum er überhaupt eine Beziehung mit mir angefangen hatte. Er meinte, es hätte ja funktionieren können. Aber irgendwann hatte er dann in einem intimen Moment die Augen geöffnet und erkannt, dass ich nicht seine Ex-

Freundin war. Doll! Das hätte er ja schon von Anfang an bemerken können! Deshalb auch die ‚Impotenz'! Nicht mehr können und nicht mehr wollen sind zwei verschiedene Paar Schuhe. Männer!

Ich kam mir ziemlich verarscht vor. Darf man ‚verarscht' in einem Buch überhaupt schreiben? Als Synonym fällt mir nur das saarländische ‚verhohnepipelt' ein. Egal – ihr wisst wie ich mich gefühlt habe. Dass ich ihn in den Wind geschossen habe, brauch ich wohl kaum zu erwähnen. Oder?

Erinnert ihr euch noch? Zu Anfang der Beziehung mit Horst arbeitete ich im Steakhaus Cordoba als Kellnerin mit der Option auf Geschäftsführerassistentin. Der Geschäftsführer war ein genauso kurzsichtiges Exemplar von Mann wie der Horst. Als ich nach einem Jahr immer noch Kellnerin war und er mittlerweile den zweiten männlichen Assistenten von außen geholt hatte, fragte ich ihn mal, warum nicht ich seine neue Assistentin geworden war. Er meinte, dass ich anfangs zu schüchtern aufgetreten sei. Ich hätte mich zwar schnell geändert, aber da hatte er schon einen anderen eingestellt.

„Okay", sagte ich. „Aber warum haben Sie jetzt wieder einen Mann von außen geholt und nicht mich?"

Er meinte lapidar: „Sie sind doch eine Frau."

„Ach, und das haben sie erst jetzt bemerkt?", war meine prompte Antwort.

Keine drei Wochen später hatte ich einen neuen Job in dem renommiertesten Hotel am Platz als Oberkellnerin. In meinem Job konnte ich nämlich wirklich was. Dort stieg ich nach einem halben Jahr zur Restaurantleiterassistentin auf.

So soll es sein. Und das, trotz mehrer komischer Zwischenfälle. Ich habe eine recht unkonventionelle Art an mir, wenn es darum geht Schwierigkeiten zu umschiffen.

Einmal war ein ganzer Reisebus Chinesen bei uns gelandet. Abends saßen alle im Restaurant und hatten Hunger, aber keine Ahnung von Deutsch! Einige sprachen gebrochen Englisch. Sehr gebrochen! Das mit der Speisekarte konnten wir vergessen. Da musste die Oberkellnerin ran.

„Do you want some meet?" Allgemeines Nicken!

„Beef, porc, lamb or chicken?" Alle starrten mich verständnislos mit großen Augen an.

Dann strahlte mich einer der Chinesen an und sagte: „Yes, meet!" Wieder musste ich improvisieren.

„Do you want some beef – Muhhh!, some porc – Grunz!, some lamb – Mähhh! or some chicken?" Dabei gackerte ich und wedelte wie wild mit den Armen.

Jetzt hatten alle verstanden und lachten mich an. Dann begannen sie zu bestellen.

„I want Muhhh with salad! Please."

„For me Mähhh with french fries! Please."

Und alle, die Geflügel wollten, flatterten am Tisch herum. Ich kam mir vor wie auf einem Bauernhof. Aber alle Gäste waren eine Stunde später satt und zufrieden und darauf kommt es schließlich an.

Ein anderes Mal kippte ich versehentlich einem prominenten Gast den Tomatensalat in den Ausschnitt. Meine Güte regte die Frau sich aufgeregt. Sie war doch selbst daran schuld. Beim Sprechen wedelte sie mit den Händen, als wollte sie Hühnchen auf chinesisch bestellen!

Ich bin wohl die Meisterin der Fauxpas. Gäste in Bier baden, über Hunde stolpern und die Teller wie

Ufos durchs Lokal schleudern, solche Dinge passieren mir öfter.

Es gab auch massenweise schöne Momente. Der Hotel-Barkeeper hatte den Wunsch, immer das Wochenende frei zu haben. Wer könnte da wohl seine Vertretung machen? Moi – höchstpersönlich!

Am Wochenende war es meistens ruhig, da die Vertreter diese Tage zuhause bei ihren Familien verbrachten. Ich konnte mich langsam einarbeiten. Von der Kunst des Cocktail-Mischens hatte ich natürlich nur die Grundkenntnisse aus meiner Lehrzeit. Aber ich besaß ein richtig gutes Buch mit fast allen Rezepten der Welt.

Ich stand meistens da, das Buch in der einen Hand und die diversen Zutaten in der anderen. Dann kräftig schütteln und dabei charmant lächeln und schon ist der Drink perfekt. Wenn allerdings ‚Wetten Dass‘ in der Stadt war, rotierten wir meistens mit drei Leuten in der Bar und hatten doch ständig Stress. Es war aber super, die Stars und Möchtegernstars mal aus der Nähe zu erleben.

Thomas Gottschalk war zum Beispiel echt riesig, wogegen mir Peter Maffay nur bis an die Schulter reichte. Ach, sie waren alle da! Aber viel zu viel Stress und Hektik, um sie besser kennenzulernen.

Einmal war eine Rockgruppe da und wollte und wollte nicht auf ihre Zimmer gehen. Als ich sie um 3:00 Uhr vor die Tür komplementirren wollte, begannen sie mir ein Ständchen zu singen. Nur für mich allein! Folglich gab es noch eine Runde Drinks. Die waren echt niedlich, aber so ging das bis 6:00 Uhr morgens. Ich überredete sie dann dazu, mit mir im Restaurant zu frühstücken, und Gott sei Dank gingen sie darauf ein. So wird man charmant die hartnäckigsten Gäste los.

Auch an den ruhigen Abenden war es nicht schlecht. Am Wochenende arbeitete als Nachtportier immer ein netter Student. So konnte ich mir die lange Schicht durch einen regelmäßigen Plausch an der Rezeption verkürzen. Nach einiger Zeit waren wir beide uns richtig sympathisch. Das war genau zu der Zeit, als ich spürte, dass ich für Horst nicht mehr begehrenswert war. Der Nachtportier begehrte mich – und wie! Als er mich zum wiederholten Mal zu einer Partie Schach zu sich nach Hause einlud, sagte ich zu.

Als wir bei ihm ankamen, er besaß eine Mini-Wohnung, holte er tatsächlich das Schachbrett hervor, um mit mir zu spielen. Es stellte sich heraus, dass er in einem Schachklub war und schon mehrere Pokale abgeräumt hatte. Ich schlug mich tapfer zwanzig Minuten lang, bevor er mich erwartungsgemäß Schachmatt setzte.

Danach räumte er endlich das Schachbrett weg und ich sollte jetzt doch noch die Selbstbestätigung bekommen, die ich so dringend brauchte.

Aber wir reden hier von Charlotte – der Meisterin der Pannen! Was denkt ihr, ist passiert? – Mein junger hübscher Nachtportier war leider impotent, weil er noch mental an seiner Ex-Freundin hing! Glaubt ihr nicht? War aber so.

Und was tat ich? Irgendwie fing ich an leicht hysterisch zu lachen! Das Ganze hatte auch eine komische Note. Oder? Er dachte, ich würde ihn auslachen, und war auf einmal gar nicht mehr so nett wie anfangs. Ich erklärte ihm den Grund und machte, dass ich

Land gewinne. Nur weg von all den gestörten Männern.

Am nächsten Tag erzählte ich Horst davon, um ihm eine Grund zu geben mich zu verlassen, aber er nahm mich tröstend in den Arm und nannte mich ein ‚armes Kind'.

Damals wusste ich ja nicht, dass er sich anderswo mit seiner Ex-Freundin vergnügte. Schluss gemacht hatte er wohl deshalb nicht, weil er sonst die billigste Putzfrau aller Zeiten verloren hätte. Und außerdem stand seine Examensarbeit kurz vor der Vollendung. Wollt ihr wissen, was ich als Belohnung für die ganze Arbeit am PC bekam?

Ratet mal! Ihr kommt nicht darauf! Wetten? – Ein signiertes Exemplar seiner Examensarbeit! Puh! Ein schönes Essen wäre mir lieber gewesen.

Soviel zu Horst!

Ach übrigens. Während meiner Zeit im Steakhaus Cordoba verstand ich mich mit Ricky, einem der Grillköche, super gut. Der baute mich in Frustzeiten immer wieder auf. Stets wenn wir uns sahen, gab er mir das Gefühl begehrenswert zu sein. In all den Jahren landeten wir immer wieder mal zusammen in der Kiste. Für ihn war es Spaß und für mich Selbstbestätigung.

Es begann nach dem Desaster mit Horst. In meinen Beziehungen war ich immer treu. Ricky war das egal, obwohl - oder gerade weil - er verheiratet war. Nur rauskommen durfte natürlich nichts. Wir waren sicherheitshalber immer äußerst diskret.

Wieder allein!

Nach einem Jahr im Hotel kam eines Tages der Oberboss der Steakhauskette zu mir ins Restaurant zum Abendessen. Er wollte mich informieren, dass der ehemalige Geschäftsführer des saarländischen Steakhauses gekündigt hatte und er eine absolut tüchtige Assistentin für den neuen Geschäftsführer bräuchte. Dabei hätte er an mich gedacht! Na also – geht doch! Ich fühlte mich äußerst geschmeichelt, und als er mir mein zukünftiges Gehalt auf eine Serviette schrieb, sagte ich sofort zu.

Dann fand mein Vater, es sei an der Zeit mich auch privat auf eigene Füße zu stellen, und sagte: „Kind, du bist jetzt fünfundzwanzig Jahre alt. Wenn du innerhalb der nächsten drei Monate nicht freiwillig ausziehst, schmeiße ich dich eigenhändig raus!"

Sehr charmant! Aber wirkungsvoll. Nur einen Monat später hatte ich meine erste eigene Wohnung. Vierzig Quadratmeter, ein großes Zimmer, eine noch größere Wohnküche, ein Mini-Bad und einen Mini-Flur. Ich war endlich alleine.

Der Vormieter war mein bester Freund Sebastian. Er war der Partner meiner langjährigen Freundin Moni. Die beiden zogen zusammen, im selben Haus nur zwei Etagen über mir.

Ich konnte den Küchenschrank, den Küchentisch und die Stühle von ihm kostenfrei übernehmen. Die Waschmaschine kaufte ich neu, Herd und Kühlschrank gebraucht. Die Wohnzimmereinrichtung bestand aus einem Wohnzimmerschrank von meinen Eltern aus den siebziger Jahren. Den kombinierte ich mit schwingenden Stahlrohrmöbeln, die ich zu einem Schnäppchenpreis einem Möbelhaus abhandelte. Kleine Kommoden gab es von diversen Verwandten kostenlos dazu. Bett und Kleiderschrank konnte ich aus meinem ‚Kinderzimmer' mitnehmen. Die Wände hatte ich in sehr kräftigen Farben gestrichen. Das Bad in Hellblau, die Küche in Kanariengelb und das Wohn-Schlafzimmer in einem kräftigen Flieder-Ton. Es sah sehr gemütlich aus.

Auch Geschirr bekam ich von den lieben Verwandten. Als ich erwähnte, dass ich auszöge und welches bräuchte, kramten alle Tanten, Großtanten und die Omis ihre alten Sammeltassen hervor. Ich hatte dann ein zwölfteiliges Kaffeeservice mit lauter verschiedenen Tassen und Tellern. Die habe ich übrigens heute noch. Auf dem Flohmarkt könnte man damit richtig Geld machen.

Bei mir fanden dann natürlich regelmäßig Treffen mit diversen Freunden und Arbeitskollegen statt. Ich musste die neu gewonnene Freiheit ja in vollen Zügen genießen.

Diese Jahre waren rückblickend eigentlich die schönsten. Ich hatte im Steakhaus Cordoba oft die Spätschicht, das heißt bis 1:00 Uhr nachts. Dann gingen wir mit den Kollegen fast täglich in die Disco oder in Bistros, in denen es die ganze Nacht noch was zu futtern gab.

Mein Lieblingslokal hieß ‚La Guitarra'. Dort gab es Sangria und heiße Rhythmen. Jeder, der sich traute, durfte auf der Bühne was zum Besten geben. Und wenn mal kein Lifemusiker da war, zückte der Chef selbst die Gitarre und machte Stimmung. Ich wurde so richtig zu einer Nachteule. ‚Morgens' schlief ich dann bis 13:00 Uhr.

Wenn meine Mutter so um 11:00 Uhr anrief und ich ihr ein verschlafenes „Ja, hallo?" ins Ohr murmelte, war sie immer recht verstimmt.

„Du verschläfst noch dein halbes Leben!", meinte sie stets. Das war bestimmt der pure Neid, denn sie musste zeitlebens um 5:00 Uhr in der Frühe aufstehen.

Irgendwann in dieser Zeit hatte ich noch eine Beziehung. Die dauerte etwa ein halbes Jahr und der Typ hieß Peter. Ob ihr es mir glaubt oder nicht – ich kann mich nur noch daran erinnern, dass wir Kollegen waren und dass er in Frankreich wohnte – ach und blond war er auch. Sonst weiß ich überhaupt gar nichts mehr über ihn. Dieser Peter hat wohl keinen sehr bleibenden Eindruck bei mir hinterlassen. Seltsam! Aber so sehr ich mir auch mein Hirn zermartere, es will keine Erinnerung hochkommen. Das liegt bestimmt daran, dass er der Einzige war, der mit mir Schluss gemacht hat. Allen anderen habe ich den Laufpass gegeben.

Na egal – danach kam dann lange nichts.

Ich ging in dieser Zeit voll in meinem Job auf.

Im Steakhaus war wieder ein Jahr vergangen und der Geschäftsführer kündigte. Natürlich hoffte ich sein Nachfolger zu werden. Aber da irrte ich mich leider. „Dieser Job ist nichts für eine Frau und Sie ganz speziell sind nicht der Typ Mensch ein ganzes Restaurant zu leiten. Auch müssten Sie Leute einstellen und entlassen. Das werden Sie nie schaffen!" Soweit der Oberboss.

Und was macht Charlotte in einem solchen Fall? Na? Sie bewirbt sich woanders.

Zu dieser Zeit eröffnete eine neue Fastfood-Kette, die nur Nudeln verkaufte. Die suchten jede Menge Geschäftsführer für die einzelnen Filialen. Ich bin echt gut im Verkaufen und mich selbst zu verkaufen ist mir immer super gelungen. Also bekam ich sofort eine Stelle und kündigte umgehend im Steakhaus Cordoba.

Denen zeig ich's jetzt aber!, dachte ich.

Und das tat ich. Ich war ein Jahr bei der Nudelkette beschäftigt. Meine eigene Filiale bekam ich nie. Aber ich hatte im Prinzip einen sehr schönen, wenngleich auch sehr anstrengenden Job.

Jede neue Filiale wurde von zwei Geschäftsführern eröffnet. Einer führte die Filiale nach zwei Monaten alleine weiter, während der andere seine Erfahrungen bei der nächsten Neueröffnung zur Verfügung stellte. Ich sah in der Zeit verschiedene Filialen entstehen. In Neunkirchen, Kaiserslautern, Landau, Ludwigshafen und letztendlich in Saarbrücken.

Zwischendurch arbeitete ich als Schulungsleiterin in Grünstadt. Dort war ein ganzes Restaurant nur zu Übungszwecken aufgebaut und alle neuen Mitarbeiter durften dort drei Tage üben, bevor sie auf die echten Gäste vor Ort losgelassen wurden. Das machte mir riesigen Spaß.

Ich fahre ja auch unwahrscheinlich gerne Auto. Wenn ich so bei strahlendem Sonnenschein über die Autobahnen brettere, höre ich immer laute Rockmusik und singe lautstark mit. Nicht schön aber seltsam!

Irgendwann ging es mir ganz schön auf die Nerven, nie wirklich bleiben zu können, und ich beschloss, mir wieder etwas anderes in meiner Heimatstadt zu suchen. Und als ich so vor mich hinsuchte, las ich eine Annonce von einem neuen großen Hotel in Saarbrücken. Die suchten eine Direktionsassistentin. Ich bewarb mich in meiner selbstbewussten Art mal direkt und bekam auch gleich ein Vorstellungsgespräch.

Der Direktor und ich unterhielten uns nett. Dann fragte er, was ich denn so verdienen wolle. Ich sagte es ihm und er fing herzlich an zu lachen! Nachdem er sich wieder beruhigt hatte, sagte er mir, was er mir zahlen könne, und ich fing herzlich an zu lachen. Es war wirklich nett, aber ich verschenke mein Können nicht.

Jetzt musste sich aber bald etwas Neues für mich ergeben.

Und das tat es. Als ich am nächsten Morgen ins Saarbrücker Nudelrestaurant kam, wartete schon mein alter Oberboss vom Steakhaus auf mich. Er hatte sich überlegt, dass Frauen vielleicht doch Restaurants leiten können, und er wollte mich unbedingt zurück. Am besten gleich jetzt und sofort. Er bot mir finanziell etwas mehr als die Nudelkette und so sagte ich zu. Steakhaus Cordoba, die Dritte!

Ich hatte mein altes Leben wieder mit Kneipen, Discos, Freunden und anderen Nachtschwärmern – Toll! Es ging eine ganze Zeit so weiter. Bis ...

Französischer Charme

Ja, bis ich dann in einer Disconacht einen tollen Typen an der Theke stehen sah, der mich die ganze Zeit unverwandt anstarrte und mir dann auch noch zuwinkte. Na ja, da musste ich dann wohl mal hinschlendern.

„Bist du es wirklich?", meinte er dann. „Charlys Charlotte?"

Und dann fiel es mir wie Schuppen aus den Haaren – das war Jean, ein fescher Franzose und ein guter Bekannter von Charly. Wir hatten uns früher öfter beim Essen getroffen. Er war auch viel jünger als Charly und sah echt zum Anbeißen aus, genau wie ich mir meinen Traummann immer vorgestellt hatte.

Um das schon mal vorwegzunehmen: Ich stehe normalerweise nicht auf blonde, blauäugige Männer und wenn, dann garantiert nicht mit kleinen Löckchen. Aber ich schaffte es immer und immer wieder mit wildgekringelten, blonden, blauäugigen Männern zusammenzukommen.

Jean hingegen war dunkelhaarig mit braungrünen Augen und einem Schnauzer. Außerdem war er äußerst gut gebaut! Muskeln, so weit das Auge reicht. Hach - schmacht! Wir unterhielten uns dann direkt angeregt über die gemeinsamen Zeiten mit Charly.

Na ja – was in einer Disco so unterhalten heißt. Wir brüllten uns eine gute Stunde nett an, bis mir die Stimme versagte und ich nach Hause wollte. Jean fand die Idee gut und wollte gleich mit. Da vertröstete ich ihn aber nachdrücklich auf nächstes Mal. Ich bin ja ein ‚anständiges Mädchen'. (Die Anführungszeichen an dieser Stelle werdet ihr später verstehen.)

Am folgenden Wochenende gingen wir dann schick miteinander essen, bevor wir schnell in seine Bude nach Frankreich düsten. Da war es dann mit der vornehmen Zurückhaltung vorbei. Jean war auch in der Hinsicht was Besonderes. Er war unermüdlich, ausdauernd, machohaft, aber auch einfühlsam und unheimlich experimentierfreudig. Das war seit Langem das Beste, was mir passiert war. Ich fühlte mich super. Aber nicht lange. Schon nach ein paar Tagen fiel mir auf, dass ich nur noch zuhause saß und wartete, bis der Herr anrief.

Er ging mit seinen Freunden schön essen und rief dann gegen zehn, halb elf an uns sagte: „Mach dich bereit – ich komme gleich!"

Wenn er da war, war es super, aber scheinbar wollte er nicht mit mir gesehen werden. Das konnte es ja auch nicht sein. Also beendete ich nach nur drei Wochen die Beziehung.

Ihr glaubt es kaum, aber plötzlich legte sich Jean dann mächtig ins Zeug und kratzte ständig an meiner Tür. Irgendwann ließ ich ihn dann tatsächlich wieder rein. Aber nach nur drei Wochen begann der Schlendrian von Neuem. Ich kam mir irgendwie so benutzt vor.

Pech für ihn, denn ich verbannte ihn dann endgültig aus meinem Leben.

Dachte ich jedenfalls. Nur einen Monat später kam Jean mit seiner neuen Flamme ins Steakhaus essen. Mit ihr und allen seinen Freunden. Und ich dachte, ich spinne! Die Neue sah doch aus, als sei sie meine Zwillingsschwester.

Von da an kam er zwei- bis dreimal die Woche mit Charlotte Nr. zwei und allen Freunden zu mir essen. Er dachte vielleicht, er könne mich eifersüchtig machen. Oder es sollte eine späte Rache sein. Das funktionierte aber nur bedingt. Ich grinste mir immer einen, wenn ich die beiden sah.

Es kann nur eine geben! Und das Original bin nun mal ich! Sie war nur eine billige Fälschung.

‚Nur wo Charlotte draufsteht, ist auch Charlotte drin. Wer versucht Charlottes nachzumachen oder nachgemachte Charlottes in Umlauf zu bringen, wird mit Frust nicht unter zehn Jahren bestraft.‘

Dann war ich wieder eine kurze Weile alleine.

Der hartnäckige Typ

Aber wirklich alleine war ich ja nie.

Dank meines Berufs war ich ständig unter Leuten und so konnte ich das Alleinsein noch richtig genießen.

Ich bin eine absolute Leseratte. Schon immer. Mit vier Jahren wollte ich unbedingt lesen lernen. Mit fünf Jahren brachte mein Vater es mir dann endlich bei. Anderen Kindern wurde abends vorgelesen, ich hatte abends Bettschule. Ich war so stolz darauf, dass ich vor all meine Freundinnen damit prahlte. Wir wohnten immer in einem kleinen Dorf. Trotzdem galten wir immer als die ‚Zugezogenen' und hatten es schwer, mit den alteingesessenen Dörflern warm zu werden. In unserer Straße wohnten unter anderem ein Richter und ein Weingutbesitzer mit riesiger Wein- und Sektkellerei.

Eines Tages wurde ich von dessen Tochter zu einem Kindergeburtstag eingeladen. Ich freute mich riesig. Sie hatte so ein großes Haus und immer so schöne Spielsachen.

Als mich ihre Eltern nach dem Kaffeetrinken dann fragten, an welcher Schule mein Vater denn Lehrer wäre, sagte ich: „Na bei mir; abends in der Bettschule. Aber tagsüber ist er Schneider!"

Ich zeigte ihnen stolz mein Frottee-Kleidchen, das mir mein Papa aus einem alten Badetuch genäht hatte. Irgendwie hatte sie das aber nicht so interessiert und auf eine Geburtstagsfeier wurde ich auch nicht wieder eingeladen. Komische Erwachsene!

Schon bei meinem ersten Einsatz im Steakhaus Cordoba hatte ich Werner, den Lieferanten, kennengelernt. Er war sechzehn Jahre älter als ich, hatte dünnes blondes Haar, blaue Augen und einen mächtigen Bierbauch. Aufgefallen ist er mir damals nicht.

Als ich dann als Geschäftsführerassistentin wieder dort anfing, hatte ich mehr mit ihm zu tun. Immer wenn er die wöchentliche Warenlieferung brachte und weggeräumt hatte, tranken wir noch Kaffee zusammen und quatschten. Er erzählte von Woodstock, dass ich nur aus Erzählungen und von Videos kannte, und begann ganz allmählich mir den Hof zu machen. Ich war absolut nicht interessiert. Immer zu meinen Geburtstagen bekam ich von ihm achtundzwanzig, neunundzwanzig bzw. dreißig langstielige Baccararosen. Ihr seht schon, es begann ein langes, hartnäckiges Werben.

Er war unheimlich nett, aber einfach nicht mein Typ. Eher ein Kumpeltyp als ein Liebhaber. Also tat ich immer so, als würde ich seine Annäherungsversuche nicht bemerken.

Aber dann schenkte er mir zu meinem dreißigsten Geburtstag nicht nur die obligatorischen roten Rosen, sondern auch noch ein Goldkettchen mit zwei ineinander verschlungenen Herzen. Und das war noch nicht alles: Einen Gutschein für ein langes Wochenende in Paris, der Stadt der Liebe. Na ja – da konnte ich doch nicht nein sagen. Wir rauschten also an den Osterfeiertagen mit dem Zug von Saarbrücken nach Paris.

Er hatte ein schönes Hotel direkt am Arc de Triomphe ausgesucht. Wir hatten dort ein wunderschönes Zimmer – ein Doppelzimmer! Und das, obwohl wir uns bis dato noch nicht mal geküsst hatten. Das konnte ja lustig werden. Nur nicht prüde sein, Charlotte. Also streunten wir erst mal den ganzen Tag zu Fuß und mit der Metro durch Paris und schauten uns einen Teil der Sehenswürdigkeiten an. Mutig legte mir Werner den Arm um die Schultern und erklärte mir dann alles ganz genau. Er war ein wandelnder Reiseführer. So viel Wissen imponierte mir schon.

Wie sich später herausstellte, war er ein verkappter Student. Er hatte zwei Studiengänge angefangen. Das übliche BWL-Studium für Unentschlossene und dann ein Volkswirtschaftsstudium. Das alles, um später Cola mit LKWs zu den Abnehmern zu kutschieren, und noch später Fleisch und Sonstiges für die Steakhauskette durch Deutschland zu chauffieren. Ich sage euch – Perlen vor die Säue! Na ja. Mir imponierte sein großes Allgemeinwissen anfangs schwer. Anfangs, wie gesagt! Doch davon später mehr.

Paris war super schön, wenn auch total überlaufen dank der Osterfeiertage. Wir mussten uns zu den Sehenswürdigkeiten mit unseren Ellbogen durchkämpfen, um eine Blick von außen drauf zu erhaschen. Werner beschrieb mir, was wir drinnen sehen würden, falls wir reingehen würden, aber wirklich reingegangen sind wir nur in zwei Kirchen. Alles andere könnten wir uns in Büchern preiswerter ansehen – meinte Werner. Hatte ich schon erwähnt, dass es in den drei Tagen, die wir in Paris verbrachten, ständig regnete – nein?! Ach, aber Werner zog mir im Hotel allabendlich die pitschnassen Schuhe von den Füßen und stopfte sie liebevoll mit Zeitungspapier aus, um sie bis zum nächsten Morgen halbwegs trocken zu bekommen.

Dann konnte es mit neuem Mut und Regenschirm wieder losgehen – weitere Sehenswürdigkeiten von außen ansehen und stundenlange Erklärungen über die tollen Innenräume anhören.

Wisst ihr etwa, wie viele Bilder im Louvre hängen, welchen Wert die insgesamt haben und wie viele verschiedene Künstler aus wie viel verschiedenen Epochen diese gemalt haben? Ich weiß das heute auch nicht mehr – Schande über mich! Und ich konnte nie ein Bild aus der Nähe betrachten. Erst wollte Werner uns einen Prospekt des Museums kaufen – aber der war doch viel zu teuer und das Meiste kenne man ja sowieso schon.

Und dann die erste gemeinsame Nacht. Ich war richtig froh, endlich im Zimmer zu sein, und wollte direkt mit Werner in die Kissen hüpfen, um etwas profanen Spaß zu haben. Aber der Herr zögerte es raus und zögerte es raus und zögerte es raus ... Hatte er etwa Angst vor mir? – Nein! Nicht nur vor mir – vor allen Frauen! Haltet euch fest: Ich war seine erste – allererste! – Freundin. Und das mit sechsundvierzig Jahren.

Ach, was war Werner nervös. Er zitterte dermaßen, dass ich dachte, er kriegt gleich einen Herzinfarkt. Ich war ihm dabei behilflich, die Knöpfe an meiner Bluse zu öffnen. Er hätte dazu bestimmt Stunden gebraucht.

Dann wollte er mich zärtlich berühren. Er war dabei so zart, dass ich leider fürchterlich lachen musste. Ich bin ja so kitzelig! Das fand er aber gar nicht lustig. Also musste ich ihm erst mal klar machen, dass ich ihn nicht auslache. Aber irgendwie ging dann gar nichts mehr.

In der zweiten Nacht bemühte ich mich dann redlich ihm auf die ‚Sprünge' zu helfen. Aber ohne Erfolg. Eine nervöse, sechsundvierzigjährige Jungfrau eben. Es war ihm ja so peinlich. Für mich war dann auch klar: wenn wir wieder in Saarbrücken sind, würde ich wieder ein zufriedener Single sein.

Werner war zwar nicht begeistert, akzeptierte das jedoch vorerst so.

Der Tanzbär

Dann gab es noch ein kurzes Intermezzo mit einem Stammgast aus dem Steakhaus Cordoba. Das Ganze konnte man jedoch nicht ‚Beziehung' nennen.

Wir trafen uns anfangs nur im Restaurant. Elmar kam fast wöchentlich mit seinen Freunden zum Essen. Als Chefin des Ladens gehörte es zu meinen Aufgaben von Tisch zu Tisch zu gehen und die Gäste zu fragen, ob sie mit allem zufrieden sind. Dabei kam ich zwangsläufig mit den Kunden ins Gespräch. Da Elmar immer sehr lange sitzen blieb, lud mich die Gesellschaft des Öfteren ein, doch ein Gläschen mitzutrinken. Das kurbelte den Umsatz an, also konnte ich schlecht nein sagen, und ich setzte mich kurzer Hand zu ihnen.

Wir hatten viel Spaß. Elmar fing immer an, mich auf die Schippe zu nehmen. Mittlerweile hatte ich aber – wie ihr wisst – gelernt Kontra zu geben. So ergaben sich immer heißere Wortwechsel. Diese endeten dann damit, dass Elmar mich schlussendlich zum Ausgehen einlud. Nachdem ich mich anfangs wie eine gesittete Dame etwas geziert hatte, sagte ich letztlich doch zu.

Wir landeten in einem bekannten Tanzlokal. Und das mit mir, die ich nie einen Tanzkurs hatte. Elmar war ein Supertänzer - und er wusste es! Meine Güte war das ein Angeber. Er versuchte mir zwar den Foxtrott beizubringen, aber nur halbherzig. Dann schnappte er sich eine andere Tänzerin und legte eine kesse Sohle aufs Parkett, dass es nur so krachte. Die beiden wirbelten stundenlang über die Tanzfläche und fegten alle anderen Paare zur Seite. Er ging in die Knie und wischte, quer über die Tanzfläche rutschend, kostenlos das ganze Lokal. Eine filmreife

Szene. Ich saß am Rand der Tanzfläche und gähnte immer öfter.

Wenn Elmar zu mir rübersah, lächelte er mich immer an, nach dem Motto: „Sieh her, was ich für ein toller Hecht bin!"

Mein Lächeln mutierte immer mehr zum angestrengten Grinsen, bis ich es schließlich ganz aufgab. Irgendwann erinnerte er sich doch daran, dass er eigentlich mit mir hier war. Jetzt wollte ich allerdings nur noch raus.

Sein Kommentar: „Okay, ich bin auch schon müde und gehe jetzt ins Bett. Ich ruf dich an, wenn ich mal wieder in der Stadt bin. Hier ist meine Adresse von zu Hause. Komm mich doch mal besuchen, wenn du Lust hast!"

Und weg war er. Ich stand da mit seiner Visitenkarte und kam mir ziemlich bescheuert vor. Ein toller Abend war das! Dann schaute ich mir die Visitenkarte genauer an und es wurde mir schlagartig klar, warum das so war: ‚Ein Schwabe!' – Das erklärte wohl alles.

Er war drei Wochen nicht mehr in der Stadt und meldete sich auch nicht. Irgendwie wollte ich wissen, was ihn an mir derart verschreckt hatte. Also fasste ich mir ein Herz und rief ihn an. Elmar freute sich sehr über den Anruf. Er entschuldigte sich sogar für den Abend. Er wäre halt süchtig nach Tanzen. Das würde nie wieder vorkommen. Ob ich nicht Lust hätte, am nächsten Wochenende zu ihm ins Schwabenländle zu kommen. Er würde in seiner gewohnten Umgebung alles wieder gut machen.

Im Zuge geistiger Umnachtung sagte ich ihm spontan zu. Also packte ich am nächsten Samstag ein kleines Täschchen für die Nacht und düste in südliche Richtung los. Elmar empfing mich begeistert. Er herzte und küsste mich gleich, als freue er sich wirklich mich zu sehen. – Na, das schien ja ein gelungenes Wochenende zu werden.

Als ich ankam, war es Mittagszeit und Elmar führte mich zu Essen aus. Es war sehr lecker und wir flachsten und lachten viel. So hatte ich es mir vorgestellt. Nachmittags waren wir in seiner Wohnung und knutschten ein wenig rum – auch nicht schlecht.

Aber dann kam es: „Ich würde dich so gerne meinen Freunden vorstellen. Es war ja so ein Glück für mich, dich kennenzulernen, dass ich dieses Glück mit allen teilen möchte. Wir treffen uns samstags immer in einem Tanzcafé. Ich verspreche dir auch, dass wir nicht allzu lange bleiben und uns dann einen kuscheligen Abend bei mir zu Hause machen!"

Irgendwie war ich skeptisch, aber andererseits klang es auch nicht unbedingt schlecht. Also willigte ich ein. Wir machten uns schick – bzw. er machte sich schick, denn die einzige Wechselwäsche, die ich dabei hatte, war ein hauchdünnes schwarzrotes Negligé, und das war gewiss nicht der passende Aufzug für ein Tanzcafé – und wir tigerten los.

Seine Freunde waren vielleicht nett, aber richtig beurteilen konnte ich das leider nicht, da es sich bei allen um Tanzjunkies handelte, die nur selten am Rande der Tanzfläche auftauchten. Wieder versuchte mich Elmar an der Tanzerei zu beteiligen, aber nur so fünfzehn Minuten, dann verschwand er auf nimmer Wiedersehen im Gewühl mit wechselnden Partnerinnen. Als er drei Stunden und vier Frustcocktails später wieder bei mir eintrudelte, war ich schon gar nicht mehr so begeistert vom ‚lieben Elmar'.

Der müsste sich ganz schön ins Zeug legen, um das wieder gut zu machen. Zuhause angekommen, gähnte er demonstrativ. Aber nicht mit mir! Ich war hier, um Spaß zu haben. Und den sollte er mir jetzt gefälligst bereiten. Das war er mir nach dem Abend auch schuldig! Oder nicht? Aber wohl!

Also sagte ich kurz: „Ach, Elmar. Ich schlüpf mal schnell in was Bequemeres", und schmiss ich mich in mein aufreizendes Negligé.

Er reagierte prompt wie erwartet. Schnell drängte er mich in sein Schlafzimmer und aufs Bett. Ich kam nicht mal dazu das lästige Negligé wieder los zu werden, da lag er schon auf mir und begann wie wild drauflos zu rammeln wie ein Kaninchen, um nur wenige Augenblicke später ganz still zu liegen. Ich fragte ihn, ob irgendwas wäre, und hörte als Antwort nur sein lautes, tiefes Schnarchen in meinem Ohr. Das durfte es doch nicht geben! So eine bodenlose Frechheit! Stundenlang tanzen konnte er, aber hierbei pennte er nach wenigen Minuten ein! Ach, war ich sauer! Aber auch müde! So wälzte ich mich unter ihm raus und heulte mich in den Schlaf vor lauter Wut.

Am nächsten Morgen wachte ich auf, da lag er neben mir auf der Seite zusammengerollt, einen Daumen im Mund und immer noch die Lümmeltüte über seinem Johannes, der ebenfalls zusammengerollt dalag. Da zog ich mich ganz schnell an und fuhr auf kürzestem Weg nach Saarbrücken zurück.

Von Elmar habe ich nie wieder was gehört! Gott sei Dank. Falls er weiter nach Saarbrücken kam, hat er jedenfalls nie mehr im Steakhaus gegessen. Und da ich nie freiwillig in ein Tanzcafé gehen würde, lief ich auch nicht Gefahr, ihm irgendwo zu begegnen.

Zeitungsannoncen

Nach dieser Misere wusste ich, dass mir die tollen Männer bestimmt nicht auf der Arbeit, nachts um 2:00 Uhr in der Disco oder morgens beim Einkaufen über den Weg laufen würden. Wo waren die nur alle? Wie sollte ich einen Mann finden, wenn ich zu ‚unnormalen' Zeiten arbeitete und nur dann frei hatte, wenn ein berufstätiger Mann arbeitet? Per Zeitungsannonce! Das war die Idee! Einen Versuch war es jedenfalls wert.

Aber die ganze Sache stellte sich als komplizierter heraus, als ich dachte. Ich antwortete z. B. auf eine Anzeige, die lautete: „Junger Mann, einsachtzig groß, 75 Kilo, dunkelhaarig, sympathisch, vorzeigbar, berufstätig, sucht Frau fürs Leben!"

Die Realität sah folgendermaßen aus: Junger Mann – na das stimmte. Einsachtzig groß – bezweifelte ich stark, da ich einszweiundsiebzig groß bin und er etwa zehn Zentimeter kleiner war als ich. 75 Kilo – der war so dünn, der konnte sich hinter einem Laternenpfahl verstecken. Also höchstens 57 Kilo (wenn überhaupt). Dunkelhaarig – keine Ahnung, da er sich eine Glatze rasiert hatte. Sympathisch – er arbeitete unter Tage in einem Bergwerk. Also war er es wohl nicht gewohnt, sich zu unterhalten. Wer will auch schon mit Kohlen reden? Leider bin ich nicht aus Stein und so musste ich mich sehr beherrschen, um bei dem Date nicht einzuschlafen.

Vorzeigbar – Oh je! Falls ihr das mal irgendwo lest, blättert nur schnell weiter! Vorzeigbar ist so ein weiter Begriff. Wenn ich ihn der Katze meiner Eltern vorgestellt hätte, wäre die wohl laut fauchend, mit gesträubtem Rückenfell aus dem Zimmer gestürmt.

Die Frühstückseier hätte man mit dem erschrecken können.

Mann oh Mann. Wie bringt man so einem bei, dass er nicht so ganz dein Typ ist! Ich sagte ihm dann, dass es an seiner Größe liegen würde. Er sei ja ganz nett, aber ich könne mir eine Beziehung mit ihm nicht vorstellen.

Sein Kommentar: „Auch gut!"

Die nächste Annonce lautete: „Netter einundvierziger, einsfünfundachtzig groß, 95 Kilo, Raucher, würde dich gerne mit einem Dinner bei Kerzenschein verwöhnen und dabei nett über Literatur und Zeitgeschehen plaudern!"

Wir trafen uns in einem der teuersten Restaurants der Stadt. Er wollte mich einladen! Um etwas vorwegzunehmen: er war tatsächlich sehr nett, einsfünfundachtzig groß, 95 Kilo schwer und Raucher. Außerdem war er Apotheker und ich konnte mich sehr angeregt mit ihm unterhalten. Allerdings war die einundvierzig nicht sein Alter, sondern sein Geburtsjahr. Damit war er genau so alt wie meine Mutter. Also gab es auch hier kein zweites Treffen.

Danach beschloss ich, selbst eine Anzeige aufzugeben. Um ehrlich zu sein, probierte ich es gleichzeitig mit zwei sehr verschiedenen Annoncen. Die eine lautete: „Schmusekatze sucht Schmusekater zum Kuscheln und Jagen!"

Die andere war etwas seriöser. „Hilfe! Suche einen liebevollen, netten Mann, der mit mir durch Dick und Dünn geht, der gerne lacht, mit einer Schulter zum Anlehnen. Bin einunddreißig, einszweiundsiebzig groß, 66 Kilo, dunkelhaarig und Brillenträgerin."

Ich bekam jede Menge Post! Auf die erste Anzeige circa dreißig Zuschriften, und auf die zweite nur sieben Briefe.

Die dreißig Zuschriften auf die erste Annonce waren allesamt obszön und unterste Schublade! Also Lesen, Schmunzeln, Abhaken, Entsorgen.

Die anderen Briefe waren schon etwas besser. Einer war allerdings auf einem fleckigen, abgerissenen Papierfetzen geschrieben mit einer Kleinkind-Schrift. Der wanderte zu den anderen in die Ablage ‚P' wie Papierkorb. Blieben sechs übrig.

Der ausführlichste und netteste Brief begeisterte mich total, bis ich den Absender genauer anschaute. ‚Die Justizvollzugsanstalt, Abteilung B, Zelle acht'. Der hatte bestimmt Zeit zum Schreiben – aber das mit dem Treffen würde sich wohl als eher schwierig herausstellen! Noch einer für die Ablage ‚P'. Die restlichen waren dann durchweg nett geschrieben, allerdings nicht sehr ausführlich.

Drei Männer hatten Fotos dazugelegt. Der eine lehnte lässig an seinem Segelboot, der andere stand neben einem nigel-nagel-neuen BMW (nicht seiner, wie sich später herausstellte) und der dritte hatte ein Gruppenbild geschickt und vergessen anzustreichen, welcher er war. Zwei Treffen hatte ich damals noch. Eins mit dem Segelboot und das andere mit dem BMW. Beides waren solche Snobs. Hochnäsig bis zum Gehtnichtmehr. Und Fremdwörter kannten die – die gibt's bis heute noch nicht!

Danach hatte ich eigentlich die Nase von Männern erst mal wieder gestrichen voll!

Mannheim

Im Steakhaus Cordoba bekam ich mit der Zeit immer größere Probleme mit meiner Geschäftsführerrolle.

Irgendwie wurde mir alles etwas zu viel. Die viele Verantwortung und die vielen Überstunden. Für ein Privatleben blieb da wenig Zeit. Also machte mir der Oberboss ein Angebot:

„Gehen Sie doch in das Steakhaus in Mannheim. Dort benötigen wir dringend eine Geschäftsführerassistentin. In unserem Mannheimer Haus ist deutlich mehr zu tun als in Saarbrücken, aber da das Restaurant viel größer ist, arbeiten dort auch drei Geschäftsführer. Bzw. ein Geschäftsführer, Assistent Nummer eins und Assistent Nummer zwei. Sie wären dort der Assistent Nummer eins, was Ihnen ein wenig Stress nehmen würde. Aber da wir Ihre Arbeit zu schätzen wissen, wird Ihr Gehalt gleich bleiben."

Weniger Arbeit bei gleichem Gehalt? Na, da griff ich aber prompt zu.

Also suchte ich mir eine Wohnung und zog gleich dorthin.

Die haben da komische Straßennamen in Mannheim. Ich wohnte zum Beispiel in K drei, zwanzig. Das konnte ich mir gut merken. Immer durch die Fußgängerzone, bis zum K wie Karstadt und dann nach links. Wenn dann um mich rum nur noch türkisch geredet wurde, war ich am Ziel. Auf den ersten Blick war es eine tolle Wohnung. Drei Meter zwanzig hohe Wände mit stuckverzierten Decken. Eine riesige Wohnküche, ein großer Schlafraum und ein geräumiges Bad. Dazu noch eine Abstellkammer, was willst du mehr? Nichts! Eher was willst du weniger?

Kakerlaken! Und gleich so viele! Kaum war ich eingezogen, wollte ich auch schon wieder weg. Eigentlich bin ich sehr tierlieb, aber diese Viecher konnte ich gar nicht leiden.

Also kam der Kammerjäger und ich musste einen ganzen Tag meiner Wohnung fernbleiben. Die Tierchen verzogen sich vorrübergehend. Aber die Nachbarn fütterten sie so gut, da kamen sie immer und immer wieder. Der Kammerjäger war bald Stammgast bei mir. Und ich weiß bis heute nicht, ob dieses ganze Ungeziefergift nicht irgendwelche bleibende Schäden bei mir angerichtet hat.

Andere sagen, ich wäre schon immer ein wenig durchgeknallt gewesen. Na ja – vielleicht könnt ihr euch nach der Lektüre dieses Werkes eine eigene Meinung bilden.

Die Mannheimer hatten mir vor meiner ersten Anreise erklärt, dass das Steakhaus Cordoba direkt neben dem Rosengarten am Wasserturm liegt. Und das mir, einem Nicht-Mannheimer.

Einen Wasserturm kannte ich ja aus meinem Heimatdorf. Und Rosen waren hübsche, wohlriechende Gewächse, die man an seinem Geburtstag von Werner geschenkt bekam. Also reiste ich frohen Mutes auf nach Mannheim. Den Wasserturm fand ich auch prompt. Er ist das Wahrzeichen der Stadt. Das wusste ich nicht – wie peinlich! Aber es kam noch schlimmer. Ich stieg aus und lief zum Wasserturm. Dort war auch ein Garten. Aber es wuchsen dort nur Tulpen. Jede Menge Tulpen. Nicht eine einzige Rose. Ich war schon total verzweifelt. Schließlich krallte ich mir einen Einheimischen und fragte ihn nach dem Rosengarten. Er zeigte stumm auf ein riesiges Gebäude auf der anderen Straßenseite.

Also ging ich rüber und schaute mal genauer nach. Noch immer keine Rosen ... Aber halt, das Gebäude hieß ‚Rosengarten' und war das Theater bzw. das Eventhaus in Mannheim. Aus Funk und Fernsehen berühmt. Oh weh – doppel-ober-peinlich! Ich bin und bleibe halt eine Landpomeranze. Und direkt daneben das Steakhaus Cordoba. Meine neue Heimat mit furchtbar netten Kollegen und auch netten, zurückhaltenden Gästen – so mein Oberboss!

Ich wurde auch recht freundlich aufgenommen. Es hatte sich schon herumgesprochen, dass ich malochen kann wie eine Wahnsinnige. Das Restaurant war wirklich schön und die Menschen waren hier ganz anders als in Saarbrücken. In meiner Heimat gab es das ‚savoir vivre' der Franzosen. Dort wurde das Essen noch richtig zelebriert. Ein Aperitif, eine Vorspeise, ein Hauptgericht mit diversen Beilagen, dazu eine gepflegte Flasche Wein, dann ein Dessert und zum Abschluss noch mindestens einen Digestif. Dort wollte man auch eine nette Unterhaltung am Tisch führen und blieb somit auch gerne unter sich.

Ganz anders in Mannheim. Dort lautete die Devise: ‚Kommen, essen, gehen'. Die Gäste kamen in solchen Scharen, dass wir sie an der Theke zwischenparken mussten. Dort bekamen sie eine kleine Sangria aufs Haus, während sie auf einen Tisch warteten.

Wenn dann ein Tisch für vier Personen frei wurde, konnte es vorkommen, dass sich zwei Pärchen, die sich vorher noch nicht kannten, zusammen an diesen Tisch setzten. Fast immer wurde nur ein Hauptgericht mit ein bis zwei Beilagen bestellt, dazu ein Bier und fertig. Noch kauend stürzten die Gäste an die zentrale Kasse, bezahlten und gingen, um für den neuen Ansturm Platz zu machen. Etwa wie McDonald's - nur feiner.

Auch die Kellner waren irgendwie gewöhnungsbedürftig. Sie erledigten alles rennend. Und Deutsch konnte auch nicht jeder.

Mein ‚Lieblingskellner' Rodrigo war Italiener und fragte alle Leute immer beim Abräumen: "Schmeck Gegäss?", zu Deutsch: „Hat Ihnen das Essen geschmeckt?"

Die meisten Gäste ignorierten diese Frage sowieso, weil sie schon wieder beim Anziehen waren, um aus dem Lokal zu stürzen. Einer antwortete aber mal ganz freundlich:

„Nein mein Herr, wir hatten keine Schnecken, sondern ein Rumpsteak mit Kräuterbutter und Baked Potato. Es hat uns sehr geschmeckt. Vielen Dank."

Damit war Rodrigo natürlich maßlos überfordert. Er grinste dümmlich und verschwand. Mit diesem Rodrigo bekam ich später noch sehr großen Ärger. Er war der beste Kumpel vom Geschäftsführer. Und der hatte ordentlich Dreck am Stecken – was zu diesem Zeitpunkt allerdings noch niemand ahnen konnte.

Auch damals hatte ich schon eine besondere Vorliebe: Ich liebe Computer. Sie können einem das Leben um Einiges erleichtern. Ich entwarf in den ruhigen Nachmittagsstunden verschiedene Tabellen, um die Gehaltsabrechnungen der Aushilfskräfte zu vereinfachen, und für andere Spielereien zum Kalkulieren der Einkäufe, der Ausgaben usw.

Der Oberboss war davon begeistert, der Geschäftsführer nicht. Er war nämlich ebenso firm in der Programmierung der Computerkasse. Er hatte es irgendwie geschafft, das Steakhaus Cordoba innerhalb eines Jahres um mehrere tausend Mark zu prellen. Und ich merkte davon doch tatsächlich nichts. Ich wäre ja auch gar nicht auf die Idee gekommen, irgendjemanden wegen einer solchen Tat zu verdächtigen.

Meine Art ist es, von allen Menschen zuerst immer nur das Beste anzunehmen. Aber das konnte der Geschäftsführer natürlich nicht wissen und fing an mich zu mobben. Nach dem Motto: wenn die weg ist, haben wir endlich freie Bahn. Er spannte zu diesem Zweck Rodrigo für sich ein. Immer wenn er an mir vorbeiging, beschimpfte er mich wüst.

Als Assistentin hatte ich nicht die endgültige Entscheidungsgewalt, was das Personal anging. Ich konnte niemanden abmahnen oder gar entlassen, ohne vorher das Ganze mit dem Geschäftsführer abzustimmen. Aber er glaubte mir natürlich nicht.

„Das kann doch nicht sein. Dieser nette Kellner würde solche Dinge niemals sagen."

Dann fing Rodrigo an, mich vor den Gästen lauthals zu beschimpfen. Es kommt echt gut, wenn man an der Kasse steht und sich freundlich mit den Gästen unterhält, und dann kommt ein Kellner, stellt sich breitbeinig vor einen und brüllt:

„Du blöde Kuh bist schuld daran, dass in der Küche heute alles schief gelaufen ist. Du bist ja so unfähig. Geh doch endlich dahin zurück, wo du hergekommen bist."

Daraufhin machte ich mir einen Termin mit dem Oberboss. Der bat natürlich den Geschäftsführer dazu, der dann alles runterspielte. Geglaubt hatte mir trotz der vielen Zeugen natürlich wieder keiner.

„Wir können doch nicht die Gäste fragen. Das sehen Sie doch ein. Vielleicht übertreiben Sie ja ein wenig. Oder wird Ihnen der Job hier wieder zu viel?"

Dann fing der große Oberboss noch an mich anzuschreien. Ich bin ja ein geduldiger Mensch. Aber irgendwann explodiert auch der ruhigste Vulkan. Es brodelte auch schon zu lange in mir. Unter Tränen sagte ich ihm, er solle seinen Scheiß doch alleine machen. Er würde schon sehen, wo er dabei bleibt. Ich war auf einmal ganz ruhig und kündigte.

Mein lieber Oberboss meint dann noch: „Da sieht man wieder, wie wenig Führungskraft sie in Wahrheit sind. Warum haben Sie nicht zurückgeschrien?"

„Ich wollte mich nicht auf Ihre Stufe herablassen!" Das brachte zwar nicht ganz die erhoffte Befriedigung, aber ich war endlich wieder frei und konnte Mannheim, meiner kakerlakenverseuchten Wohnung und den doofen Mitarbeitern endlich den Rücken kehren.

Ein halbes Jahr später bekam ich dann doch noch meine Befriedigung! Der Mannheimer Geschäftsführer war aufgeflogen und konnte mittlerweile irgendwo Tüten kleben zusammen mit seinem geliebten Rodrigo.

An Weihnachten kam tatsächlich ein Anruf vom Oberboss der Steakhauskette. Er klang total verzweifelt als er mich praktisch auf Knien anflehte doch über die Feiertage nach Mannheim zurückzukommen. Er wollte mir einen Horror-Lohn und ein Zimmer im besten Hotel am Platz bezahlen, wenn ich nur noch vor Jahresende die Bücher des Steakhauses wieder ins Reine bringe. Ich würde mich doch so gut auskennen und er findet in den Programmen die Kalkulationstabellen nicht, die ich so mühevoll erstellt hatte. – Die konnte er auch nicht finden. Ich habe nach meiner Kündigung alle auf Diskette kopiert und dann gelöscht. So doof bin ich ja schließlich auch wieder nicht. Und das merkte mein ‚geliebter‘ Oberboss dann auch, als ich ihm sagte:

„Als ich Sie damals um Hilfe gebeten hatte, als ich Sie wirklich brauchte, waren Sie nicht für mich da. Jetzt brauchen Sie meine Hilfe. Und das an Weihnachten! Da haben Sie jetzt aber auch mal Pech gehabt, denn ich habe an Weihnachten schon was Besseres vor. Ich wünsche Ihnen ein frohes Fest! Und Tschüß!"

Ach, hat das gut getan!

Werner die Zweite

Jetzt habe ich mich so lange mit dem Kapitel ,Arbeit' aufgehalten und darüber doch glatt das Kapitel ,Männer' vergessen. Also mal wieder zurück zu Werner.

Er war in meiner Mannheimer Zeit der einzige Lichtblick. Anfangs kannte ich ja auch nur ihn. Er wohnte schon viele Jahre in dieser Stadt und zeigte mir dann auch alles ganz genau. Ein echt ortskundiger Führer eben. Nach kürzester Zeit fand ich tatsächlich nicht nur meine Wohnung problemlos wieder, sondern auch diverse Geschäfte und Lokale.

Irgendwie war er richtig goldig und knuffelig. Schon seine Statur war wie die eines Teddybären. Und behaart war er auch wie einer. Hier in Mannheim führte er sich auch ganz anders auf als in Paris. Keine Spur mehr nervös, sondern souverän und abgeklärt. Sein ungeheueres Allgemeinwissen imponierte mir wieder wahnsinnig. Und dann erlag ich seinem Teddy-Charme.

Nachdem wir uns anfangs nur kumpelhaft getroffen hatten, wurde sehr bald auch mehr daraus. Im Bett war er immer noch hochgradig nervös und zittrig. Aber schon nach kürzester Zeit wurde aus der siebenundvierzigjährigen Jungfrau ein gestandenes Mannsbild.

Er liebte es, mit mir bei seinen Kumpels anzugeben. So eine junge Frau – und so hübsch! (Das war zu mindestens seine Ansicht.) Einmal gab es eine Situation, da hätte ich die ganze Beziehung gerne sofort beendet, aber mein ach so gutes Herz oder meine ach so große Dummheit gewannen doch die Oberhand.

Da Werner ein Alkoholproblem hatte, sprich ein Quartalsäufer war, hatte ich ihm untersagt mein Auto zu benutzen, wenn ich nicht dabei war. Eines Tages kam er mich im Steakhaus Cordoba abholen. Total besoffen, am Heulen, eingeschüchtert. Er rutschte auf Knien vor mir herum und flehte mich um Vergebung an. Ich konnte nur vermuten, was ich ihm vergeben sollte. Ich hatte ihm gesagt, dass ich ihn sofort verlassen würde, wenn er sich noch einmal betrinkt. Nun kniete er wie ein begossener Pudel vor mir, und ich wurde fast schon wieder weich. Aber nur, bis ich auf dem Parkplatz ankam.

Dort stand mein Auto – oder was noch davon übrig war. Er hatte frontal eine solche Delle reingefahren, dass die Türen kaum noch zugingen. Das ganze Vehikel war ein paar Zentimeter kürzer als noch ein paar Stunden zuvor. Und ich war so stolz auf mein Wägelchen. Ein knallroter Nissan Sunny Coupé – die Sportversion! Und noch nicht mal ganz abbezahlt. Somit, Gott sei Dank, noch Vollkasko versichert. Mir gingen so viele Dinge durch den Kopf. Unter anderem auch die verschiedensten Versionen der Bestrafung für Werner.

Die Streckbank – nein, er war zu klein und einen Gefallen wollte ich ihm ja nicht tun. Teeren, federn und vierteilen – schon besser! Wie konnte er nur!

Er hatte aus meiner Wohnung den Autoschlüssel entwendet, mein Auto entführt und war zum Stadtteilfest seiner Wohngegend gefahren. Dort hat er sich vollaufen lassen und rutschte dann mit meinem kleinen roten Flitzer an zwei parkenden Autos vorbei, um frontal einen Laternenmast zu knutschen! Und zu allem Unglück verlor er noch eine Radkappe am Unfallort. Das fiel uns ein paar Tage später auf, als plötzlich die Polizei bei uns anrief und sich nach dem Rest des Autos erkundigte.

Ich stellte mich zuerst mal blöd und sagte nur, dass mir das Fahrzeug zum fraglichen Zeitpunkt abhanden gekommen war. Das ganze Steakhaus Cordoba konnte mir ja ein Alibi geben. Und was machte Werner, der ach so schlaue Werner? Er bat mich, sich mit ihm zu verloben. Zu diesem Zweck hatte er extra ein paar teure Ringe besorgt.

„Wenn wir verlobt sind, brauchst du nicht gegen mich auszusagen" war seine Begründung. Na denn! Verlobten wir uns halt. Ich sag's ja! Total naiv, gutmütig und treu-doof war ich damals. (Damals? – Bin ich manchmal noch heute!)

Als Entschuldigung kann man vielleicht gelten lassen, dass ich zur gleichen Zeit im Steakhaus viel mitmachen musste, und damit meine ich nicht alleine das Mobbing.

Nur eine Woche vor Werners Unfall hatte ich eine unheimliche Begegnung im Restaurant. Eine Küchenfrau hatte mir schon öfters von ihrem brutalen Ehemann berichtet, und ich hatte ihr mehrmals empfohlen, doch die Kinder zu schnappen und in ein Frauenhaus zu flüchten. Das tat sie auch nach langem Zureden endlich. Dann kam der sagenhafte Abend. Die Küchenfrau hatte Feierabend und just zu diesem Zeitpunkt erschien ihr Ehemann und wollte dringend mit ihr sprechen. Ich fand die Idee nicht so gut, aber er brüllte das halbe Lokal zusammen, weshalb ich seine Frau in den hinteren Teil des Restaurants an einen ruhigen Tisch bat und ihn dazuholte.

Kaum sah er seine Frau, fing er an zu heulen und sich zähneknirschend zu entschuldigen für die Prügeleien der letzten zehn Jahre. Sie blieb Gott sei Dank hart und forderte ihn mehrfach auf, sie und die Kinder in Ruhe zu lassen und jetzt bitte zu gehen. Dann erwähnte sie, dass sie am Vortag die Scheidung eingereicht habe. Das brachte irgendwas in dem Mann zum Zerreißen.

Plötzlich zog er ein Schnappmesser aus seiner Jackentasche und stellte sich breitbeinig vor seine Frau.

„Scheidung? Kommt nicht in Frage! Eher bringe ich dich um!", brüllte er.

Ich weiß nicht, welcher Wahnsinn mich ritt, als ich mich zwischen den wütenden Messerstecher und seine zitternde Frau warf und rief:

„Nicht in meinem Lokal! Ich habe keine Lust die ganze Sauerei hinterher wieder wegzuwischen! Blutflecke gehen so schlecht wieder raus! Ich rufe jetzt die Polizei!"

Irgendwas in meiner prosaischen Rede bewegte den Messerstecher dazu, durch die Tür des Lokals zu flüchten. Als die Polizei endlich kam, war er natürlich weg. Erst am nächsten Tag konnte er gefasst werden.

Die Polizei gab mir zu verstehen, dass mein Verhalten dumm und äußerst gefährlich gewesen war. Eine Alternative konnte sie mir aber auch nicht nennen. Ich hätte halt unverschämtes Glück gehabt. Nach zwei doppelten Cognac sah ich es dann genau wie die Polizeibeamten.

Kurze Zeit später wurde die gesamte Produktion – Werners Arbeitsplatz – des Steakhauses von Mannheim nach Koblenz verlegt. Er wollte natürlich nach Koblenz ziehen, um sich die langen Wege zu ersparen. Da ich gerade gekündigt hatte und wir schließlich ‚verlobt' waren, beschafften wir uns dort kurzerhand eine gemeinsame Wohnung.

Das war anfangs ganz witzig. Wir richteten uns schön ein, besorgten uns zwei Katzen und waren von da an eine richtige kleine Familie.

Ich genoss erst mal meine Arbeitslosigkeit. Ich wollte mir eine Auszeit von circa sechs Monaten nehmen, bevor ich mich wieder in die nächste Abhängigkeit stürzte.

Das wäre auch richtig gut gegangen, wenn nicht Werner kurz nach unserem Umzug auch arbeitslos geworden wäre. Auf einmal verbrachten wir praktisch Tag und Nacht zusammen.

Meine Mutter war von ihm begeistert. Er war nur sechs Jahre jünger als sie und sie hatten jede Menge gemeinsame Gesprächsthemen. Toll! Werner und ich hatten weniger Gemeinsamkeiten, als wir anfangs dachten.

Sein großes Allgemeinwissen hatte ich ja so bewundert. Irgendwann hätte ich ihm allerdings dafür den Hals umdrehen können. Egal um was es ging, er musste einfach zu allen Dingen des Lebens seinen Senf dazu geben. Und wenn er mal nicht so genau über ein Thema Bescheid wusste, besaß er zahlreiche Nachschlagewerke wie Geschichtsbücher, den großen Brockhaus und verschiedene kartographische Werke.

Ein Beispiel! Wir saßen vor dem Fernseher, um entspannt einen Krimi anzuschauen. An einer besonders spannenden Stelle erwähnte ein Darsteller, dass er gerade aus Mosambik zurückkäme. Und da passierte es mir!

Ich murmelte vor mich hin: „Wo ist denn das schon wieder?"

Und Werner reagierte prompt. Er stürzte zum Atlas und zum Brockhaus. Zuerst zeigte er mir auf der Karte, wo Mosambik liegt. Dann suchte er mir raus, wer dort derzeit an der Regierung war, und hielt dazu einen schwungvollen Vortrag. Auch über die Bodenschätze, die Klimaverhältnisse, die Exportgüter und die Tauglichkeit als Urlaubsland wusste ich nur dreißig Minuten später genau Bescheid. Aber wer denn nun der Mörder war und warum überhaupt gemordet wurde – keinen blassen Schimmer einer Ahnung. Vielen Dank lieber Werner!

Ihr findet das vielleicht charmant und aufmerksam. Aber ihr müsst auch nicht jeden Abend aufpassen, was ihr so sagt. Von den wenigsten Filmen bekam ich jemals das Ende mit. Dafür erweiterte sich mein Allgemeinwissen immens. Auch wenn ich krampfhaft den Mund hielt, um ja diesmal keinen Vortrag gehalten zu bekommen, deutete Werner meine Blicke und reagierte auf jedes noch so kleine Stirnrunzeln.

Vielleicht versteht ihr, dass ich schon nach drei Monaten wieder auf Arbeitssuche ging. Lieber abends bis in die Puppen malochen, als diese Lehrstunden vom Professor Werner.

Ihm gefiel unser Leben so ganz gut, darum tat er nicht sonderlich viel dafür, um es zu ändern.

Wir hatten jede Menge Zeit, um endlich das alles zu unternehmen, wozu wir die letzten Jahre nicht gekommen waren. Leider war das Geld wegen unserer Arbeitslosigkeit knapp. Deshalb war es nichts mit tollen Unternehmungen. Wandern – ein Lieblingshobby von Werner, und noch ganz umsonst. Manchmal konnte ich ihn noch zum Bowling mit unseren Freunden überreden. Meist saßen wir jedoch in unseren vier Wänden und langweilten uns.

Na ja – es gab noch mein Lieblingshobby: Sex – das ist auch umsonst und hat sogar eine größere sportliche Komponente als Wandern. Irgendwie hatte Werner aber mit dem Umzug nach Koblenz die Lust daran verloren. Schließlich war er vorher siebenundvierzig Jahre ohne Sex ausgekommen, warum sich also jetzt noch umstellen? Zu mir sagte er dann immer, er habe andere Dinge im Kopf als Sex. Na toll! Je mehr er sich in seine freiwillige Impotenz stürzte, umso mehr dachte ich an Sex. Dieser Gedanke begann mein ganzes Hirn auszufüllen.

Den Kampf mit Werner gab ich relativ schnell auf und entdeckte ein neues Hobby. Essen! Werner kochte gerne und gut. Und ich aß gerne gut. Das sah man mir leider auch nach kürzester Zeit an. Ich nahm in der Koblenzer Zeit locker mal eben zwanzig Kilo zu.

Die Umgebung unserer Wohnung war auch nicht geeignet, mich auf andere Gedanken zu bringen. Wir wohnten in der Nähe einer Kaserne und die Amis hatten dort einen Stadtteil quasi für sich. Es gab lauter dreistöckige Häuser, in denen fast nur Familien mit Kindern lebten. So gerne ich Kinder mag, habt ihr mal direkt an einem Kinderspielplatz gewohnt? Bei geöffneten Fenstern war der Radau manchmal kaum zum Aushalten. Und als kinderloses Paar gehörten wir nicht so recht dazu.

Als ich kurze Zeit später einen Job in meiner alten Heimat angeboten bekam, sagte ich verständlicher Weise gleich zu. Werner war nicht begeistert, aber unsere Beziehung hatte sich irgendwie totgelaufen und musste einfach auseinander gehen. Also ging ich mit Sack und Pack zurück nach Saarbrücken.

Orientalische Träume

Zuvor musste ich noch zur Einarbeitung für sechs Wochen nach Stuttgart. Dort speckte ich die zwanzig Kilo wieder ab. Das ging ganz wie von selbst. Wer im Restaurant den ganzen Tag von Fressalien umgeben ist, hat irgendwie nie richtigen Hunger. Zudem ist man ja auch den ganzen Tag auf den Beinen.

Nach meiner Zeit als Couchpotato taten mir anfangs die Füße natürlich immens weh. Aber was nimmt man nicht alles in Kauf, um endlich wieder dazuzugehören.

Nachdem ich soweit eingearbeitet war, um wieder als Restaurantleiterassistentin zu arbeiten, sollte ich erst noch für drei Wochen nach München, um dem dortigen Restaurantleiter einen Urlaub zu ermöglichen.

Ich residierte in einem billigen Hotel, dachte mir aber: ‚Für drei Wochen wird es schon gehen!' Ihr habt mittlerweile soviel über mein ‚Glück' erfahren, dass ihr eigentlich erraten könnt, was dann passierte.

Der Chef arbeitete mich ein paar Tage ein und ging in Urlaub. Als er zurückkam, freute ich mich schon auf die Heimat. Ich sollte nur noch einen Tag bleiben, um die Übergabe zu machen. Der Chef feierte mit Sekt seinen Arbeitsbeginn. Dann verzog er sich in den Keller, um in den Kühlhäusern nach dem Rechten zu sehen. Als er nach einer Stunde noch nicht wieder zurück war, folgten wir ihm in den Keller. Er hatte ordentlich einen im Tee und wir befürchteten, dass er in einem Kühlhaus eingeschlafen war und sich eine Lungenentzündung holte. Laut rufend durchsuchten wir sämtliche Kellerräume, aber keine Spur vom Chef. In einem Kühlhaus fanden wir nur seinen Schlüsselbund vom Lokal. Der Chef blieb verschwunden.

Ich wartete noch zwei Stunden, bevor ich Alarm schlug. Dann liefen alle herum wie die aufgescheuchten Hühner. Der Chef war nirgends zu finden – auch nicht in seiner Wohnung. Da bat mich der Oberboss der Restaurantkette, doch noch ein Weilchen zu bleiben. Er würde das mit der Saarbrücker Filiale schon regeln. Um es vorauszuschicken – ich blieb drei Monate!

München ist gar nicht so toll, wenn man täglich die Spätschicht in einem Restaurant hat. Tagsüber gibt man Unmengen an Geld aus und abends ärgert man sich mit den betrunkenen Gästen an der Theke herum. Die Restaurant-Filiale in München lag nämlich in einer Supergegend: Direkt neben einer Straße, auf der alle paar Meter eine ‚Dame' in Strapsen und Netzstrumpfhose vor Kälte schnatterte und auf eine Mitfahrgelegenheit wartete. Zwischendurch kamen diese ‚Damen' herein, um sich in unserem Lokal aufzuwärmen. Auch ihre ‚Arbeitgeber' tummelten sich bei uns. Und dann die Kunden der ‚Damen'. Was für ein wilder Haufen.

Die bayrische Sprache ist auch so eine Sache für sich. Ich hatte Schwierigkeiten, die Münchner zu verstehen. Wenn sie auch noch betütelt waren, ging gar nichts mehr. Manchmal hörte es sich wie Englisch an und dann wieder wie Chinesisch. Die dachten bestimmt, ich sei ein bisschen zurückgeblieben, so oft musste ich nachfragen: „Was möchten Sie trinken?"

„Oa Holbe un oa Kurzen!"

„Wie bitte???"

„Oa Holbe Bia un oa kloina Schnaps!"

„Tut mir leid – ich verstehe Sie leider immer noch nicht!"

„ Na, einen halben Liter Bier und einen Obstler bitte!"

„Ah ja! – aber gerne!"

Und einer der Stammgäste sang mir jeden Abend den ‚Badewannentango' vor. Ich wollt nur noch heim!

Und dann das Hotelzimmer! Kein Fernseher, kein Radio, nur ein Bett, ein Tisch, ein Stuhl und ein Kühlschrank. Der war auch nötig, denn das Frühstück im Nachbarhaus verschlief ich regelmäßig. Es gab auch ein separates Badezimmer mit Putzsachen. Ich sollte mein Zimmer bitte selber sauber halten, da das Zimmermädchen im Haupthaus genug zu tun hätte. Na ja – was soll's! Als Erstes besorgte ich mir ein Radio und ich fing an zu Puzzeln. Auch las ich in diesen drei Monaten so viel wie in den zwei Jahren zuvor. Dann packte ich mir den Kühlschrank voll und hatte mich irgendwie gemütlich eingerichtet. Sogar Haustiere hatte ich im Hotelzimmer. Nicht direkt im Zimmer, sondern in den Hohlräumen zwischen den Wänden. Dort wohnten Frettchen und die nagten mit Vorliebe nachts am Holz.

Ich liebe Tiere – also nicht falsch verstehen – aber diesen Biestern verfluchte ich die Knochen. Immer wenn ich gerade am entschlummern war, begannen sie zu nagen. Und in einem stillen Hotelzimmer hört sich das ziemlich erschreckend und laut an. Vor allem, als ich noch nicht wusste, was da so nagt, wurde mir Angst und Bange. Das Hotelpersonal beruhigte mich dann allerdings etwas.

Aber auch diese Zeit ging irgendwann zu Ende. Plötzlich tauchte der Chef wieder auf. Er wurde mit

Freuden begrüßt und durfte sofort seine Arbeit wieder aufnehmen. Scheinbar war er wohl etwas überarbeitet gewesen. Er dehnte seinen Urlaub einfach auf besagte drei Monate aus. Seltsamerweise nahm ihm das niemand übel.

Genau einen Tag vor dem Oktoberfest war es dann für mich endlich so weit. Ich durfte abreisen. Schnell weg bevor, die ganzen Verrückten aus aller Welt anreisten.

Wieder in Saarbrücken unterstützte ich die alteingesessene Filiale des Restaurants als Betriebsleiterassistentin. In dieses Restaurant ging ich schon als Kind Hähnchen essen.

Kaum war ich ein paar Wochen da, nahm mich der Betriebsleiter zur Seite und teilte mir mit, dass er kündigen wolle, weil er ein Angebot der Konkurrenz bekommen habe, welches er unmöglich ablehnen könne. Darum sollte ich den Laden kommissarisch leiten, bis ein neuer Betriebsleiter gefunden war. Ich arbeitete noch fast zwei Jahre dort und es kam kein neuer Chef.

Die zahlreichen Hürden in dieser Zeit überstand ich mit kleineren Blessuren. Ein Hochwasser, das die ganze Stadt lahm legte und auch das Restaurant total überschwemmte; ein Ausfall sämtlicher Kühlhäuser und immense Mengen vergammelter Waren, die entsorgt werden mussten; die neuen Kühlhäuser, die erst mal auf der Straße standen und keiner kam mehr vorbei; die Großbaustelle vor der Restauranttür, die unseren Gästen alle Parkmöglichkeiten raubte, ... usw. Es war eine interessante Zeit.

In dieser Zeit lernte ich auch meinen späteren Ehemann kennen. Er arbeitete bei uns in der Küche und begann irgendwann mir unverhohlen nachzu-stellen. Lange Zeit blockte ich diese Versuche ab, da Beziehungen zwischen den Mitarbeitern in der Chef-etage nicht gerne gesehen waren.

Irgendwann wurde ich halt doch schwach. Ahmed war Tunesier und so ganz anders als alle Männer, die ich bis dato kennengelernt hatte. Eigentlich hätte ich aber schon vorsichtig sein müssen. Als seine Vorgesetzte wusste ich von Ahmeds Problemen mit den deutschen Behörden.

Er sollte ausgewiesen werden, obwohl er eine Festanstellung und eine Wohnung in Deutschland hatte. Wir halfen ihm dabei, die Abschiebung zu verschieben, indem wir eine Petition an die Behörden schickten, die alle Mitarbeiter und alle Chefs unterschrieben hatten. Ahmed hatte auch eine Bekannte, die ziemlich viel im Landtag zu sagen hatte. Er durfte vorerst bleiben, bis eine endgültige Entscheidung getroffen war.

All das ignorierte ich irgendwie. Er lud mich zum Eisessen ein und nach mehreren Absagen meiner-seits sagte ich schlussendlich zu. Es war auch wider Erwarten sehr schön.

Ahmed hatte sehr viele Freunde und Bekannte. Wenn wir beide uns in der Stadt trafen, saßen wir stets vor einem türkischen Lokal und tranken türki-schen Tee. Dort kam dann alle Nase lang einer seiner Bekannten vorbei und quatschte mit uns. Ich fühlte mich in diesem Sommer wie in einem nie enden wollenden Urlaub. So ist es wohl verständlich, dass ich nur kurze Zeit später mit Ahmed eine Beziehung begann.

Anfangs war es wirklich sehr schön. Ahmed war aufmerksam und erzählte sehr viel. Von sich, von seinem Land und von seinen vielen Freunden und

Bekannten. Wir wurden von verschiedenen Familien zum Essen eingeladen, und Ahmed stellte mich stets sehr stolz vor. Immer wieder sagte er mir, wie froh er war, eine solch tolle Frau gefunden zu haben.

Dann kam er eines Tages auf sein Problem zu sprechen. Er hatte keine Aufenthaltserlaubnis mehr. In drei Monaten liefe seine Duldung ab. Dann müsse er endgültig zurück nach Tunesien. Seine Eltern seien beide tot und mit seinen Brüdern, Onkeln und Tanten sei er aufs Schlimmste zerstritten. Außerdem habe er noch eine Augenoperation vor sich. Er benötigt eine Hornhauttransplantation. Ein Auge war schon operiert, das andere nicht. Das erklärte auch die extrem dicke Brille, die er trug. Ansonsten hatte er dunkelbraune Augen, diese typische, gerade Nase dieser Region. Dazu natürlich die afrikanischen kleinen Löckchen und eine dunkle Hautfarbe, allerdings für einen Afrikaner immer noch sehr hell.

Ich war mittlerweile total in Ahmed verschossen und wollte natürlich alles tun, um ihn in Deutschland zu halten. Nur so hatte ich eine Chance ihn noch besser kennenzulernen. Daher organisierte er ein Treffen mit seiner Freundin vom Landtag, die ihm auch schon früher geholfen hatte. Wir saßen zusammen in unserem Stammlokal und aßen leckeres, türkisches Essen, als sie mit ihrem genialen Vorschlag herausrückte.

„Ahmed braucht nur eine deutsche Frau zu heiraten, dann kann er in Deutschland bleiben. Er war auch schon mal mit einer Deutschen verheiratet, aber um die deutsche Staatsangehörigkeit zu erhalten, musste man damals drei Jahre verheiratet sein. Die Scheidung war zwei Tage vor Ablauf dieser Frist."

Das tat mir zwar unheimlich leid, andererseits dachte ich spontan: ‚Schön blöd von Ahmed! Die zwei Tage hätte er doch bestimmt auch noch geschafft!'

Gesagt habe ich aber zunächst nichts. Es hatte mir doch tatsächlich die Sprache verschlagen. Später erbat ich mir eine Woche Bedenkzeit, um über diesen Vorschlag in aller Ruhe nachzudenken.

„Aber warte nicht zu lange, sonst ist er weg! Er sollte sich so bald als möglich offiziell verloben! Mit Feier und Ring. Dann kann er für die Hochzeitsvorbereitungen einen Aufschub von weiteren drei Monaten bekommen", meinte die Gute dann lapidar.

Diese Entscheidung machte ich mir wirklich nicht leicht. Ich erzählte es meinen Freunden und meinen Eltern. Meine Freunde reagierten zwar verhalten, doch sie gaben zu bedenken, dass ich vielleicht mein Glück verspiele, wenn ich nicht ein wenig risikobereit wäre. Andererseits kannte ich den Mann noch nicht lange genug, um ihn tatsächlich zu heiraten.

Meine Eltern kamen mir mit allen möglichen Sprüchen. So nach dem Motto: „Du kennst doch das Buch ,Nicht ohne meine Tochter'. Pass auf, sonst geht es dir genauso. Er wird dich in sein Land verschleppen und dann musst du gehorchen und ständig Schleier tragen."

So verrückt das auch klingt, diese Argumentation trieb mich geradewegs in Ahmeds Arme. Ich sagte also ja und die Verlobung wurde im Juli gefeiert. Meine Eltern kamen trotz großer Bedenken doch zu dem Fest. Außer meinen Eltern war nur noch unsere Kupplerin aus dem Landtag dabei. (Heute frag ich mich, was sie dafür wohl verdient hat!).

Ahmed war so begeistert über meine Zusage, dass er sofort begann unsere Zukunft zu planen. Er wollt unbedingt Kinder mit mir. Ob ich mir auch schon darüber Gedanken gemacht hätte.

„Eigentlich schon", sagte ich. „Aber ich wollte damit immer bis zu meiner Hochzeit warten."

„Verheiratet bist du ja bald. Willst du nicht schon mal die Pille absetzen? Man wird schließlich nicht sofort schwanger. Vielleicht dauert es mehrere Jahre, bis es endlich klappt."

Das war ja mal ein gutes Argument. Ich glaube, ich war ein wenig geistig umnachtet, als ich dann tatsächlich die Pille absetzte. Irgendwie hatte ich total verdrängt, dass es sich nicht gerade um eine Liebeshochzeit handelte, höchstens um eine Sympathiehochzeit und noch eher um ein abgekartetes Spiel. Und was passierte der lieben, naiven, dämlichen Charlotte? Sie wurde schon im nächsten Monat schwanger. Das Ergebnis des Schwangerschaftstests hatte ich am Morgen unserer Hochzeit in den Händen. Ahmed freute sich riesig. Ich freute mich auch, mir wurde es nur mulmig, wenn ich daran dachte, diese Neuigkeiten meinen Eltern mitzuteilen. Also bat ich meinen zukünftigen Ehemann, diese Aufgabe zu übernehmen.

„Später", sagte er. „Erst wird geheiratet".

Und dann war es soweit. Der schönste Tag im Leben einer Frau war angebrochen. Ich wollte mir meinen Traum erfüllen und in Weiß heiraten, aber das war zu teuer. Also suchte ich mir ein Kleid aus, das zwar feierlich war, aber das ich bei anderen Festivitäten noch ein weiteres Mal tragen könnte. So heiratete ich in einem schwarzen Kleid mit silberfarbenen Einsätzen und kleinen, silbernen Sternchen. (Sehr passend – sage ich heute! Denn damit nahm das Grauen seinen Lauf!)

Am zehnten Oktober um zehn nach zehn gaben wir uns auf dem Standesamt das Ja-Wort. Meine Trauzeugin war die schon vielzitierte Landtagstussi (die ich zu diesem Anlass das letzte Mal sah) und Mohammed, ein Freund von Ahmed. Mohammed musste kurzfristig einspringen, da der eigentliche Trauzeuge, Salih, doch glatt den Termin verpennt hatte.

Danach klappte alles wie am Schnürchen. Im Standesamt wurden wunderschöne Fotos gemacht. Meine Familie war zahlreich vertreten. Meine Eltern, mein Brüderchen mit seiner derzeitigen Ehefrau (Nummer zwei), meine Patentante und mein Patenonkel. Dann waren noch drei mit Ahmed befreundete Ehepaare da und die Landtagsthusnelda (sorry – ich habe doch wirklich ihren Namen vergessen – aber Thusnelda passt super zu ihr!).

Beim Abschied schüttelte mir die Standesbeamtin die Hand, sah mir tief in die Augen und meinte: „Viel Glück für Ihr gemeinsames Leben und auch für die Schwangerschaft!"

Mir schoss sofort die Schamesröte ins Gesicht. Konnte man mir meine Schwangerschaft denn wirklich ansehen? Wohl kaum! Also war die Standesbeamtin bestimmt eine Hellseherin! Ich grinste verlegen und bedankte mich artig, bevor ich mich mit meinen Hochzeitsgästen und mit meinem neuen Ehemann verdünnisierte.

Wir hatten einen großen Tisch in unserem Stammlokal für die Feier gebucht. Mein Vater spendierte das Hochzeitsessen. Die Lokalbesitzer hatten alles aufgefahren, was die türkische Küche hergab. Es war super lecker. Immer wieder stupste ich meinen Gatten an und zischte ihm ins Ohr, er solle endlich meinen Eltern die Neuigkeit von ihrem Enkelkind beibringen – aber schonend.

Was Ahmed unter schonen verstand, erfuhr ich beim Dessert. Als die ersten Teller mit den Köstlichkeiten gebracht wurden sagte er: „Den ersten Teller bekommt die Oma!"

Meine Mutter lachte und entgegnete leicht entrüstet: „Lieber Ahmed, ich bin zwar nicht mehr die Jüngste, aber in Deutschland nennt man das nicht Oma, sondern Schwiegermutter. Du darfst mich gerne Mama nennen."

Er strahlte sie an und meinte nur: „Ich weiß, Oma!"

Bei allen anderen war mittlerweile der Groschen gefallen, nur mein liebes Mütterchen stand weiter auf dem Schlauch. „Mama! Nicht Oma! – Bitte!", bat sie verzweifelt.

„Okay, warten wir damit noch so neun Monate!" Ahmed grinste.

„Wie? ... Was? ... Neun Monate?! ... Kind, bist du schwanger?" Mein Gott, jetzt hatte sie's. Soviel zu schonend.

Ich bekam prompt gute Ratschläge von allen Seiten – ob ich wollte oder nicht!

„Trink ja keinen Alkohol!"

„Hör sofort mit dem Rauchen auf!"

„Lass das Kind bloß nicht moslemisch taufen!"

„Nimm es nie mit nach Tunesien – denk an ‚Nicht ohne meine Tochter'" ...

Ach – der schönste Tag in meinem Leben! Er wurde langsam zum schlimmsten Albtraum meines Lebens.

Und so sollte diese Ehe weitergehen.

Aber erst gab es noch ein Geheimnis aufzudecken. Auf meiner Arbeit wusste niemand etwas davon, dass ich eine Beziehung mit Ahmed hatte. Also rief ich alle zu einem Meeting zusammen, den Gebietsleiter der Hendl-Kette gleich mit. Los ging's:

„Ich möchte euch allen etwas mitteilen. Gestern habe ich geheiratet."

Gratulationsrufe, Applaus!

„Ich heiße jetzt Haddad!"

Tumult, Gelächter und Ausrufe: „Wie der Ahmed!"

Jetzt war es an mir zu grinsen. „Ja, und genau den habe ich geheiratet!"

Da gab es dann jede Menge Kommentare von „Wir haben ja gar nichts bemerkt!" über „Das gibt's doch nicht!", bis hin zu „Da wären wir aber gerne dabei gewesen!"

Ahmed und ich saßen da und grinsten uns einen. Nachdem sich die Gemüter etwas beruhigt hatten, ließ ich auch noch die letzte Bombe platzen. „Gleich gibt es Sekt für alle, dann können wir darauf anstoßen. Nur ich darf nichts trinken, denn ich bin schwanger!"

Könnt ihr euch vorstellen, was dann bei uns los war? Alle wollten das Brautpaar umarmen und küssen. Es regnete Gratulationen und gute Wünsche fürs Baby! Und natürlich die obligatorischen, guten Ratschläge.

Ihr müsst mal darauf achten. Wenn jemand nur ganz leise erwähnt, dass er schwanger ist, outen sich die Super-Mamis und Super-Papis und sparen nicht mit Tipps und Warnungen. Sogar Leute, die selbst keine Kinder haben, sind auf einmal Spezialisten, wenn es um Windelmarken oder Fläschchennahrung geht. Man selbst wird total entmündigt und für blöd erklärt.

Ich glaube, in diesem Moment hörte ich auf Charlotte Haddad zu sein und mutierte zur Mama des ungeborenen Babys.

Ahmed veränderte sich direkt, nachdem er von der Schwangerschaft erfahren hatte. Wie soll ich diese Änderung nur beschreiben? – ,Er bekam Panik!' trifft es wohl am besten. Und dabei hatte er doch die Idee mit dem Kinderkriegen gehabt! „Ich muss unserem Kind etwas bieten! – Als Koch kann ich das nicht. Ich möchte einen Job, in dem ich noch wirklich weiterkommen kann. Ich glaube, ich mache mich selbstständig!"
Diesen Redeschwall belächelte ich noch nachsichtig. Wir hatten uns gerade erst eine gemeinsame Wohnung eingerichtet. Selbstverständlich mit drei Zimmern, damit wir ein Kinderzimmer planen konnten. Die Einrichtung bestand zum größten Teil aus meinen Möbeln und Möbelspenden von Freunden und Verwandten. Es war eigentlich ganz gemütlich. Da ich jedoch wusste, dass ich zum Geburtstermin aufhören würde zu arbeiten und dann eigentlich drei Jahre mit unserem Baby zu Hause bleiben wollte, war mir klar, dass wir von nun an sparsam leben mussten.
Das Gehalt meines Mannes zusammen mit dem Erziehungsgeld und dem Kindergeld würde ausreichen, um uns die ersten Jahre durchzubringen. Danach könnte unser Kind den Kindergarten besuchen und ich könnte wieder eine Halbtagsstelle annehmen. So meine Überlegungen.
Ahmed überlegte im Stillen ganz für sich alleine und handelte auch prompt. Er kündigte seinen Job in der Hendl-Kette – ohne mit mir darüber gesprochen zu haben. Da begann ich schon leicht säuerlich zu

werden. Er wollte sich auf Biegen und Brechen selbstständig machen. Nur mit was, wusste er noch nicht so genau. Er überlegte einen Orientmarkt zu eröffnen. Die schossen derzeit wie die Pilze aus dem Boden. Ich wagte den Erfolg eines solchen Unternehmens anzuzweifeln. Mann, wurde er da aber wütend. Ich hatte ihn geheiratet, nun sei es meine verdammte Pflicht, ihn bei all seinen Unternehmungen nach besten Kräften zu unterstützen.

Ich kann nur die Hormonstörungen der Schwangerschaft dafür verantwortlich machen, dass ich ihm nicht sofort kräftig in seinen moslemischen Hintern trat. In Deutschland hat die Frau schließlich auch etwas zu sagen!

Ich versuchte ihm klar zu machen, dass er weder eine Ausbildung noch Bildung überhaupt habe. Zudem sprach er ein sehr gebrochenes Deutsch, das man nur mit sehr viel gutem Willen verstehen konnte. Vom ganzen kaufmännischen Hintergrund hatte er nicht den leisesten Schimmer.

Man benötigt Grundkapital. Woher nehmen, wenn nicht stehlen? Er würde uns mit einer Geschäftseröffnungen in den sicheren Ruin manövrieren. Also stellte ich ihn vor die Wahl: „Wenn du dich trotz der ganzen Bedenken selbstständig machst, dann gehe ich."

Sein Kommentar: „Dann geh doch!"

Zwei Tage später war er verschwunden. Fünf Tage lang telefonierte ich herum und suchte meinen Mann. Dann war er wieder da. Seine Erklärung: „Ich bin nach Tunesien geflogen, um dort meine Konten zu leeren. Du musst ja nicht alles wissen. Jetzt bin ich wieder da, also reg dich ab!"

Genau so hatte ich mir immer ein trautes Familienglück vorgestellt! – Ach nee, genau so eben nicht!

Letztendlich versuchte ich ihn dann doch bei seinem Vorhaben zu unterstützen. Ganz das brave Frauchen eben. Ich wollte auf jeden Fall abwarten, bis unser Kind auf der Welt war. Vielleicht wäre er ja ein guter Vater, wenn er auch kein guter Ehemann war.

Der neueste Trend waren damals Naturkostläden. Und viele orientalische Fressalien sind auch sehr gesund. Ich schlug ihm eine Kombination von Bio-Laden mit einer Orient-Abteilung vor. Das gefiel ihm richtig gut und wir begannen uns um einen Laden zu kümmern.

Ahmed hatte weder einen Führerschein noch ein Auto, darum musste ich ihn zu sämtlichen freien Läden der Stadt chauffieren, egal ob mir morgens speiübel war oder nicht.

Das Wichtigste an so einem Geschäft ist erstens die Lage, zweitens die Lage und drittens die Lage!

Endlich hatten wir den vermutlich besten Standort für den Bioladen gefunden. Es ging los mit den Einzelheiten. Mietvertrag, Lieferantenliste, Preisvergleiche, Inneneinrichtung (wurde von einem seiner Freunde größtenteils selbst gebaut) Büromaterialien (Kassenbücher, Stempel, Quittungsblocks), Leuchtreklame, Werbe-flyer, ... Man musste an so viel denken.

Die Eröffnung war für den zweiten Mai geplant. Das Baby war eigentlich für den zwölften Juni geplant. Nur hielt es sich nicht an diese Vorgabe.

Ende April wurde ich notfallmäßig ins Krankenhaus eingeliefert. Schwangerschaftsvergiftung im fortgeschrittenen Stadium. Bis dahin war die ganze Schwangerschaft normal verlaufen.

Normal? Gewünscht hatte ich mir Folgendes:

Ein glückliches Pärchen. Beide kommen abends müde von der Arbeit nach Hause und küssen und herzen sich. Dann begrüßt er das Baby mit einem sanften Streicheln des runden Baby-Bauchs. Er spricht mit dem kleinen Wesen in mir und ich sitze da und lächele glücklich. Dann spiele ich dem Baby Mozart vor und mein Göttergatte massiert mir sanft den zerschundenen Rücken. Soweit die Theorie.

Und jetzt die bittere Realität:

Ich komme abends müde von der Arbeit nach Hause. Die Wohnung sieht aus, als hätte ein Blitz eingeschlagen. Auf meiner Couch lümmeln sich mehrere Freunde meines Mannes (er war ja arbeitslos) und qualmten mir die Bude voll, während sie einen türkischen Tee nach dem anderen in sich reinkippten. Dann sollte ich für die ganze Bagage Essen kochen, bevor ich mich total ermattet in einen Sessel werfen wollte.

„Ach, mach es dir nicht zu gemütlich, wir haben noch einen Termin bei der Bank! Du musst für mich bürgen, sonst reicht der Kredit nicht aus!"

Ich ließ mich auch dazu noch überreden, nur um anschließend endlich meine wohlverdiente Ruhe zu haben. Aber da hatte ich mich geschnitten. Zurück zu Hause musste ich zuerst noch das Geschirr spülen, da wir sonst kein einziges Glas mehr im Schrank hatten, danach leerte ich die Aschenbecher, und all das nicht etwa bei den zarten Klängen von Mozart, nein – zu jaulender marokkanischer oder tunesischer Bauchtanzmusik in voller Lautstärke. Dabei konnte Ahmed besser ,denken'.

Ich glaube, er hatte seinen ganzen Verstand verkifft. Allah hat den Moslems zwar den Alkohol verboten, aber nicht den Shit.

Das nervte mich auch immer tierisch. Immer wenn sein Vorrat zu Ende ging, musste ich in irgendwelche unheimliche, zwielichtige Kaschemmen mit ihm fahren, um Nachschub zu besorgen. Mir war dabei immer äußerst mulmig zumute.

Das sind die Nachteile, wenn man zuerst heiratet und sich dann erst richtig kennenlernt. Ich würde jedem von dieser Reihenfolge abraten.

Mir half das allerdings jetzt nichts mehr. Mein Gatte wurde immer mehr zum Macho. Irgendwie war da nichts mehr von der großen Liebe vom Anfang übrig. Und es kam noch dicker.

Ich hatte gegen Ende der Schwangerschaft keine Lust mehr meine ehelichen Pflichten zu erfüllen. Erstens war ich einfach zu rund und mein Rücken schmerzte ständig (dank der liebevollen Massage, die ich nie erhielt), und zweitens machte mich mein Mann nicht mehr an. Dem war das aber egal. Er war schließlich mit mir verheiratet und wollte seine ehelichen Rechte, wann immer er dazu Lust hatte, geltend machen. Wenn nötig mit Gewalt. Zweimal zwang er mich zum Beischlaf und weder mein Heulen und Zetern, noch die Tatsache, dass ich mit seinem Kind schwanger war, hielt ihn davon ab. Danach stellte ich ihn vor die Wahl:

„Das machst du nicht noch einmal, sonst bin ich weg!" Diesmal tat der Spruch seine Wirkung. Ahmed rührte mich nie wieder an.

Ich kam also sieben Wochen vor der geplanten Geburt ins Krankenhaus. Ahmed kam mich jeden dritten Tag besuchen, er war schließlich müde von der Geschäftseröffnung. In dieser Zeit war mir der ganze Bioladen so was von egal. Nur mein kostbares Baby zählte. Die Ärzte machten sich große Sorgen. Jeden

Tag erhöhten sie die Dosis der Medikamente und trotzdem stieg mein Blutdruck in schwindelerregende Höhen. Meine Füße waren voller Wasser. Die Zehen sahen aus wie kleine Wienerwürstchen. Das Laufen machte keinen Spaß mehr.

Nach vier Wochen sagten die Ärzte, es wäre Zeit das Kind zu holen. Sie gaben mir ein Zäpfchen, um die Geburt sanft einzuleiten.

Ich machte mir Sorgen, da es eigentlich noch drei Wochen zu früh für den kleinen Knirps war. Seit ein paar Tagen wusste ich, dass es ein Junge werden würde. Vorher hatte er uns immer sein kleines Hinterteil hingestreckt, sobald der Doktor mit dem Ultraschall ankam. Aber dann hatten wir ihn doch erwischt. Jetzt sollte er also raus aus seiner schönen, gemütlichen, warmen Höhle.

Das Zäpfchen nützte allerdings nichts. Also keine Wehen. Dann ein Tag Pause und erneut ein Zäpfchen. Wieder nichts! Dann wollten sie am Freitag, den dreiundzwanzigsten Mai, einen letzten Versuch wagen, bevor sie am nächsten Montag das Baby mit Kaiserschnitt holen wollten. Ich bekam am Freitag wieder ein Zäpfchen und das Versprechen, dass ich am Wochenende noch mal nach Hause zu meiner Familie dürfte, falls es wieder nicht wirkt.

Am Freitagabend um 23:00 Uhr schaute ich Sieben Tage - sieben Köpfe und bekam zwischendurch immer heftigere Kreuzschmerzen. Ich klingelte nach der Schwester und berichtete ihr von meinen Schmerzen.

„Wie oft haben Sie denn die Schmerzen?", fragte sie.

„Alle fünf Minuten!", antwortete ich ihr wahrheitsgemäß.

„Um Gottes willen! Machen Sie, dass sie in den Kreißsaal kommen! Aber schnell! Sonst kommt ihr Kind noch im Flur zur Welt! Das sind Ihre Wehen."

Na, das freute mich dann aber. Ich war total aufgeregt. Die Schmerzen waren zum Aushalten. Ich hatte es mir schlimmer vorgestellt. Ich ging frohen Mutes Richtung Kreißsaal und klingelte. Die Schwester, die mir öffnete, packte mich auf eine Liege und schloss mich an verschiedenen Geräten zur Überwachung der Vitalfunktionen von Mutter und Kind an. Meine Hebamme, mit der ich alles ganz genau besprochen hatte, war in ihrem wohlverdienten Wochenende und nicht erreichbar. Daher musste ich später mit einer Hebamme vorliebnehmen, die ich vorher noch nie gesehen hatte. Das gleiche galt für den Kinderarzt. Auch er hatte Urlaub.

In dieser Nacht kamen die Babys wie am Fließband. Sämtliche Hebammen waren im Stress und ich wurde erst mal alleine gelassen. So hatte ich Zeit, meine Gedanken schweifen zu lassen. Wir hatten schon einen Namen ausgesucht für den kleinen Erdenbürger. Jonas sollte er heißen.

Ich war eigentlich für Florian oder Benjamin. Mein Ehemann bestand aber auf einem moslemischen Namen. Mohammed oder Ali. Das ging ja nun gar nicht! Ich bat ihn um Alternativen, und er erlaubte mir einen Namen aus dem alten Testament zu nehmen. Das haben Christen und Moslems ja gemeinsam. Es gibt da jede Menge schöne Namen, wie zum Beispiel Simon, Gabriel und Daniel.

Eines Abends lag ich in der Badewanne und bewunderte meinen dicken Bauch, wie er da aus dem Schaum aufragte. Ich bewegte mich sachte hin und her und der Bauch schwamm im Wasser wie ein dicker Blauwal. Und in ihm lebte mein Sohn. Das erinnerte mich doch an etwas. Na klar! Die Geschichte von Jonas im Bauch des Wals (altes Testament!). Also war die Entscheidung für den Namen gefallen.

Plötzlich schreckte ich aus meinen Träumen hoch, da ich nun wirklich ganz nass war. Aha – meine Fruchtblase war geplatzt.

Die Hebamme kam vorbei, besah sich das Dilemma und sagte nur: „So eine Sauerei! Gehen Sie ins Badezimmer und raus aus den nassen Klamotten! Ich lasse Ihnen ein schönes Bad ein!"

Das hörte sich gut an. Der Muttermund war noch gänzlich geschlossen, ich hatte noch Zeit. Kaum in der heißen Badewanne, durchzuckte mich ein derartiger Schmerz, dass ich nicht anders konnte als zu brüllen wie am Spieß.

Die Hebamme stürzte herein und verkündete: „Das sind jetzt die Eröffnungswehen. Vorher, das waren nur Vorwehen. Die sind nicht ganz so heftig. Sollen wir jemanden anrufen? Ich habe keine Zeit, ich muss Zwillinge holen."

Ich würde das schon schaffen. Es war Mitternacht und es konnte sich noch Stunden hinziehen. Deshalb sagte ich der Hebamme, sie solle meine Mutter anrufen, sobald es richtig losgehe. Die Hebamme stellte mir ein Radio ins Badezimmer und verschwand zu ihren Zwillingen.

Dann kam die nächste Wehe! Oh WEH!!! Jetzt weiß ich warum die Sch ... Dinger so heißen! Das tat ja verdammt weh! Und wieder brüllte ich, was das Zeug hielt.

Mein Mann wollte der Geburt nur dann beiwohnen, wenn ich ihm schwor nicht zu schreien. Das konnte ich nicht, da ich nicht abschätzen konnte, wie weh so eine Geburt tut. Jetzt wünschte ich, er wäre hier. Aber nur, um ihn noch nachträglich zu kastrieren! Bei jeder Wehe wimmerte und schrie ich mir die Lunge aus dem Hals. Nach einer halben Stunde kam die Hebamme, warf eine Blick auf die Instrumente, stellte das Radio lauter und verschwand wieder.

Sie hatte mein Schreien also doch gehört. Na egal! Ich bemühte mich die Sänger im Radio mit meinem Gewimmer zu übertönen. Es gelang mühelos. Um 1:00 Uhr waren endliche beide Zwillinge wohlbehalten auf der Welt angekommen und die Hebamme kam zu mir ins Bad. Sie untersuchte mich noch in der Wanne und wurde hektisch.

„Schnell raus hier, sonst wird es eine Unterwassergeburt! Der Muttermund ist offen und ich kann das Köpfchen fühlen."

Ich beeilte mich, aus diesem Marterbecken herauszukommen und mich zur nächsten Folterbank zu schleppen. Auf einmal war ich der Mittelpunkt. Meine Mutter wurde angerufen, die Hebamme und die Kinderärztin setzten sich zu mir und los ging die Arbeit.

„Pressen!"

„Aufhören!"

„Entspannen!"

Die hatten gut reden. Wie sollte ich mich zwischen zwei Wehen denn entspannen? Ich schrie nun nicht mehr. Aber ich fluchte und meckerte rum! Meine Mutter erzählte mir später, dass ich fürchterlich fluchte, als sie vor dem Kreißsaal ankam. Da niemand Zeit hatte sie reinzulassen musste sie dieses Hörspiel von draußen genießen.

Dann kam das Köpfchen!

„Er hat schwarze Haare!", sagte die Hebamme.

„Gott sei Dank! Ich bin dunkelhaarig und mein Mann ist Afrikaner. Wie hätte ich dem ein blondes Kind erklärt!"

Na, da war er ja wieder. Mein Galgenhumor!

Kurz danach kam das Kommando: „Nicht mehr pressen! Bitte hecheln!"

Ich sah die Hebamme an wie einen Alien. „Lächeln? Wie soll ich denn jetzt auch noch lächeln, verdammt noch mal?!"

Das Gebrülle im Badezimmer hatte wohl meinem Gehörsinn geschadet. Die Ärztin kugelte sich fast vor Lachen. Aber dann war Jonas endlich da.

Und meine Mutter wurde auch herein gelassen. Sie gab mir zu essen und zu trinken und begann sofort, winzig kleine rote Söckchen für ihren Enkel zu stricken. Meinen Vater informierten wir telefonisch. Er sollte auch meinen Mann anrufen. Den erreichte keiner, da der Schlaumeier das Telefon abgestellt hatte, damit er besser schlafen konnte. Am nächsten Morgen kam er dann mit einem ‚wundervollen' Blumenstrauß vorbei, den er wohl an einer Tankstelle besorgt hatte, und gratulierte mir zu unserem Sohn.

Ich blieb noch fünf Tage im Krankenhaus, um mich an meine Mutterrolle zu gewöhnen. Dann ging es wieder nach Hause und der Stress holte mich ein. Mein Ehemann erwartete mich schon sehnsüchtig. Er brauchte jemanden, der ihn morgens um halb sechs auf den Großmarkt fuhr und mit ihm Obst und Gemüse einkaufte.

Ich stillte Jonas die ersten vier Monate und schlief demzufolge nicht gerade viel. Alle zwei bis drei Stunden hatte das Kerlchen Hunger. Dazu kamen seine Drei-Monats-Koliken, die bei ihm neun Monate dauerten. Er war bei der Geburt nur fünfundvierzig Zentimeter klein und eher schmächtig, aber brüllen konnte er wie ein Großer.

Morgens um fünf schnappte ich mir Mann und Kind und fuhr zum Großmarkt. Während der Göttergatte einkaufen ging, stillte ich Jonas im Auto. Dann ging es in den Laden zum Ausladen, wonach ich mich schleunigst aus dem Staub machte.

Der Laden lief gar nicht gut. Mein Mann ließ sich deswegen total gehen. Er duschte kaum noch und rasierte sich nur selten. Seine Lieblingspullis und Westen durfte ich nicht waschen. Warum nicht? Er müffelte so still vor sich hin. Da würde ich auch nicht einkaufen wollen. Brr!

Auch stand er immer rauchend vor der Eingangstür des Bioladens. Das wirkte sehr gesundheitsbewusst.

Und weil die Kunden nicht so recht kommen wollten, hatte Ahmed eine Superidee, um das Geschäft anzukurbeln.

„Das ist doch ein Bioladen. Also kommen vor allem die Alternativen und Neu-Hippies zum Einkaufen. Da wäre es toll, wenn ich im Laden bediene und du zwischendurch an der Kasse das Baby stillen würdest. Das würde sich optisch gut machen zwischen den Dinkelflocken und dem Weizenschrot."

Ich hielt das für einen Witz und sagte das Ahmed auch genau so. Ein ständig brüllendes Baby in einem Naturkostladen. Dazu eine genervte Mutter, die zwischen der Getreidemühle und der Wickeltasche hin- und hersprang. Ich weiß nicht, ob der müffelnde Verkäufer da nicht doch die bessere Wahl war. Innerlich hatte ich mich ja sowieso schon vom Familienglück verabschiedet.

Als Geschenk zu unserem Hochzeitstag zog ich darum aus, mitsamt dem Kind und den Möbeln. Ahmed schloss das Geschäft und verkaufte das Inventar und kam so Null auf Null aus seiner Selbstständigkeit heraus. Nur unsere Ersparnisse, unsere Ehe und unsere Nerven hatte es gekostet.

Mit der Trennung war der Stress mit Ahmed leider immer noch nicht gänzlich ausgestanden.

Ich hatte eine kleine Zwei-Zimmer-Wohnung für Jonas und mich angemietet. Der Staat musste leider für uns aufkommen, aber ich konnte damals nicht anders. An Jonas' dritten Geburtstag begann ich allerdings sofort wieder zu arbeiten.

Ahmed durfte seinen Sohn besuchen, so oft er wollte. Doch ich musste ihn ständig an seine Pflichten als Vater erinnern. Er war durch die ganze Sache so durch den Wind, dass er in eine schwere Depression verfiel.

Ständig lag er mir in den Ohren, ich solle doch zu ihm zurückkommen. Er könne ohne uns nicht leben. Und tatsächlich versuchte er sich das Leben zu nehmen. Er nahm Tabletten – viel zu wenig. Aber um mich zu beunruhigen reichte es.

„Komm zurück oder ich töte mich!"

Ich kam nicht und er schnitt sich die Pulsadern auf, jedoch quer und so tief, dass er am nächsten Tag nur mit zwei Pflastern an den Handgelenken bei mir auftauchte. „Das nächste Mal sterbe ich wirklich! – Komm zu mir zurück! Sofort!"

„Das glaube ich dir nicht! Du wirst nicht sterben. Du kannst ja nichts richtig. Also auch nicht das Sterben", antwortete ich. Ich ließ mich nicht erpressen! Die ganze Geschichte machte mich mittlerweile nur noch wütend.

Damals lebte Ahmed in einem kleinen Ein-Zimmer-Appartement und hatte kaum noch Freunde. Er hatte alle genauso ausgenutzt wie mich.

Zur Abwechslung nahm er wieder mal Tabletten ein. Diesmal sogar ausreichend viele. Aber da er Angst hatte, nicht gefunden zu werden, ging er mit den Tabletten im Bauch in das Stehkaffee um die Ecke. Da brach er erwartungsgemäß zusammen und wurde in eine psychiatrische Klinik eingewiesen.

Sechs Monate hörte ich nichts von ihm. Wegen meiner harten, letzten Worte hatte ich schon ein etwas schlechtes Gewissen.

Gott sei dank kam er nach sechs Monaten wieder mehr oder minder regelmäßig unseren Sohn besuchen. Allerdings hatten sie ihn so mit Drogen vollgepumpt, dass er kaum etwas von seinem Umfeld mitbekam. Ich hatte für ihn immer nur noch harte Worte, um ihn aus dieser Lethargie aufzuwecken. Und es wirkte. Noch mal ein halbes Jahr später war er fast wieder der Alte. Es lief so gut, dass ich ihm unseren Sohn in einem Lokal vorbeibrachte und zwei Stunden weggehen konnte. Die Scheidung brachten wir nach dem Trennungsjahr problemlos über die Bühne. Das alleinige Sorgerecht wurde mir übertragen. Ahmed hatte Besuchsrecht und kam ungefähr einmal pro Woche zu Jonas. Das ging auch eine ganze Weile gut.

Dadurch, dass sich Ahmed intensiv um seinen Sohn kümmerte, durfte er auch nach der Scheidung ohne Probleme in Deutschland bleiben.

Zwischenspiel

Ich hatte mich verändert. Nicht nur innerlich – leider!

In der Schwangerschaft, der Stillzeit und der Trennungsphase nahm ich doch glatt vierzig Kilo (lasst euch diese Zahl mal auf der Zunge zergehen – V I E R Z I G) zu.

Meine früher lange, wallende Mähne hatte ich abgeschnitten und trug sie ganz kurz. Ich sah tatsächlich wie viele der matronenhaften Muttis in diesem Wohngebiet aus. Fürchterlich!

Das musste sich ändern. Irgendwie hatte ich die Zeit meiner Ehe doch nicht so einfach weggesteckt wie ich dachte. Nachdem ich mir das selbst eingestanden hatte, bat ich um ärztliche Hilfe – und ich bekam sie.

Scheut euch nie, um Hilfe zu bitten. Und nehmt sie auch an. Hier in Deutschland ist es sehr verwerflich, zu einem Psychotherapeuten zu gehen. In Amerika gehört es zur Normalität oder sogar zum guten Ton. Jeder, der was auf sich hält, geht zum Therapeuten. Also bin ich in guter, prominenter Gesellschaft, wenn ich mich vertrauensvoll in die Hände eines solchen begebe.

Endlich hörte mir mal jemand zu, wenn ich laut über mich nachdachte.

Versteht mich nicht falsch. Ich bin echt unheimlich gerne die Mami von Jonas. Aber ich wollte trotzdem meine eigene Identität wieder zurück. Ich war doch früher anders. Unbeschwert, fröhlich, spontan, witzig. Wo war diese Frau geblieben?

Niemand in meinem Umfeld kannte meinen Vornamen. Alle riefen nur immer: „Schau, da kommt die Mama von Jonas!"

Nachdem ich nicht mehr arbeitete, war meine Mutterrolle mein neuer Job. Ich sah es als meine Aufgabe an, meinen kleinen Sohn mindestens acht Stunden täglich zu beschäftigen und zu verwöhnen.

Wir gingen zur Krabbelgruppe, zum Mutter-Kind-Turnen, machten täglich stundenlange Spaziergänge im Wald, im Tierpark oder im Zoo. Dann trafen wir uns mit anderen Müttern auf diversen Spielplätzen und bei schlechtem Wetter in deren verschiedenen Wohnungen. Zwar hatte ich wieder einen Vollzeitjob, trotzdem war ich nicht zufrieden. Meine knapp bemessenen Freizeit konnte ich nicht genießen.

Endlich kam die Zeit, in der Jonas begann dreizehn Stunden durchzuschlafen. Nachdem ich vierzehn Monate nur stundenweise schlafen konnte, war das eine wahre Wohltat. Aber was macht eine Mutti, die jeden Abend ab 19:00 Uhr alleine in ihrem Wohnzimmer sitzt? Sie wird zur Couchpotato, schaut Fern, telefoniert und frisst.

Doch etwas zu erkennen ist der erste Schritt, es zu ändern. Der Therapeut schickte mich zunächst für sechs Wochen in eine Kur. Samt Kind und Kegel. Hach, tat das gut! Lauter Muttis mit den gleichen oder ähnlichen Problemen. Täglich Massagen, Schwimmen, Fitnesstraining und natürlich auch Unternehmungen mit den Kids. Und während der Anwendungen waren die Kleinen in einem Kindergarten untergebracht.

Jonas fand das gar nicht gut. Er war zwei Jahre alt und gewöhnt, seine Mami rund um die Uhr zur Verfügung zu haben. Jedes Mal brüllt er wie am Spieß und klammerte sich mit seinen kleinen Ärmchen an mir fest. Mir zerriss es fast das Herz, wenn ich trotzdem ging. Aber nur, bis ich um die nächste

Ecke verschwunden war. Da hörte er prompt auf zu schreien und begann zu spielen.

Ich machte einen tiefen Atemzug und schaute, dass ich davon kam. Zu mir! Alle Muttis wohnten in derselben Etage im Kurhaus. Das war sehr praktisch. So um 20:00 Uhr schliefen die Krümel und wir versammelten uns im Aufenthaltsraum. Jeder hatte ein Babyfon dabei und wir hatten Zeit zum Klönen, Reden, Kaffeetrinken oder Basteln. Es war eine sehr schöne Zeit und ich habe auch heute, nach vielen Jahren, noch Briefkontakt zu einer der Kurmuttis.

Wieder Zuhause angekommen, wurde ich von meinen Freundinnen empfangen wie ein Filmstar. Sie hatten sich den Wohnungsschlüssel bei meinen Eltern besorgt, die Wohnung mit Plakaten, Luftballons und Luftschlangen dekoriert, mir den Kühlschrank gefüllt und einen Kuchen zum Empfang gebacken. Es war superschön.

Als nächstes kaufte ich mir ein Fitness-Fahrrad.

Besser als seinen Frust (gemischt mit Schokolade und Chips) in sich reinzufressen, ist es, ihn einfach bei lauter Musik wegzustrampeln.

Die Wirkung war super. Ich schaffte es in einem Jahr zwanzig Kilo abzuspecken! Weiter schaffe ich es irgendwie nicht mehr. Es geht mal fünf Kilo runter, aber auch mal wieder fünf Kilo hoch. Ganz so als hätte ich ein Jojo verschluckt.

Abends, wenn Jonas schlief, hatte ich jetzt Hobbys – Basteln, Musik Machen, Musik Hören. Es ging mir wieder richtig gut.

Trotzdem begann ich mich abends zu langweilen. Eine Lösung musste her. Ein Mann musste her! Ich versuchte es mal wieder mit einer Zeitungsannonce.

Auf meine Anzeige bekam ich nur fünf Zuschriften, mit zweien wollte ich mich auch treffen. Tagsüber – mit Jonas. Einen traf ich in der Stadt auf einem Spielplatz. Das schien mir ganz praktisch zu sein. Jonas war beschäftigt und wir saßen auf einer Bank und hatten Muße uns zu unterhalten und uns etwas kennenzulernen. Der Mann war sehr nett und sympathisch und eigentlich auch mein Typ. Wir gingen anschließen ins McDonalds. Jonas war begeistert. Wir tauschten Telefonnummern aus und machten ab, uns noch mal zu treffen. Ich versuchte ihn anzurufen und hörte nur „Kein Anschluss unter dieser Nummer". Ein Feigling also. Er hätte doch sagen können, dass ich nicht sein Typ bin. Natürlich rief er nie bei mir an. Egal – Abhaken!

Da war ja noch der andere. Wir trafen uns wieder auf einem Spielplatz. Diesmal hatte das Wetter etwas gegen uns. Es begann in Strömen zu regnen. Wir konnten uns zwar unterstellen, aber im Stehen reden ist auch nicht jedermanns Sache. Vor allem wenn man dauernd an der Jacke gezupft wird und das Kind quengelt, weil es nach Hause will. Wir tauschten noch nicht mal unsere Telefonnummern aus. Diesmal war es auch nicht mein Typ. Also sei's drum.

Vielleicht sollte ich mal auf eine Anzeige antworten. Ich suchte mir eine aus, die lautete: „Alleinerziehender Vater, neununddreißig, einsachtundsiebzig groß, schlank, sucht Frau zum Verwöhnen. Gerne mit Kind."

Kurz und bündig, aber nicht schlecht, fand ich und antwortete in einem langen Brief. Ich bekam auch tatsächlich Antwort. Er war Vater von drei Kindern. Seine Frau war letztes Jahr verstorben und er suchte einen Ersatz. Wir könnten uns anfangs nur schreiben, da er noch nicht am Telefon oder persönlich über seinen Verlust reden könne. – Oh je – Nicht schon wieder ein Problemfall. Vielleicht nennt ihr es feige, aber auf diesen Brief antwortete ich nicht mehr.

Eigentlich kam ich doch ganz gut ohne einen Mann aus. Wollte ich wirklich jemanden, der mir in meine Erziehung reinquatschte? Eigentlich nicht. Deshalb hatte ich eine neue Idee. Bei ,Bekanntschaften' in der Rubrik ,Sonstiges' gab ich folgende Anzeige auf:

„Hallo zusammen. Wer langweilt sich abends genauso wie ich? Gerne würde ich einen Spiel-Abend bei mir zu Hause ins Leben rufen. Backgammon, Schach und Halma genau wie Monopoly, Scrabble und Sonstiges sind möglich. Bin weibl., sechsunddreißig Jahre und freue mich auf eure Anrufe. Tel: ..."

Oh je! Hatte ich mich so falsch ausgedrückt? Ich erhielt an den ersten beiden Tagen nach Erscheinen dieses Inserats sage und schreibe hundertachtzig Anrufe von Männern. Hundertneunundsiebzig wollten nur das Eine! Ich fand das unerhört.

Irgendwann fragte ich am Telefon nur noch: „Wollen Sie Brettspiele oder Bettspiele?", und hängte nach der entsprechenden Antwort gleich ein.

Einer suchte eine Schachpartnerin. Er kam bei mir vorbei, um sich vorzustellen. Ein Bär von einem Mann, mindestens zwei Meter breit wie hoch, bärtig wie ein Räuber und in der Kluft einer bekannten Motorradgang. Er habe schon mit Großmeistern gespielt und suche jetzt einen adäquaten Gegner. Da musste ich ihm meine Unzulänglichkeiten im Schachspiel gestehen.

Er verabschiedete sich höflich von mir mit den Worten: „Schade, es ist wirklich schwierig jemanden zu finden. Hättest du etwas dagegen, wenn ich einfach so nochmal vorbeikomme? Vielleicht finden wir ja was anderes was uns Spaß macht!"

Auch du, mein Sohn Brutus!

„Nein danke, ich habe schon genügend andere Leute gefunden für meinen Spiel-Abend."

Diese Lügnerin, werdet ihr jetzt denken. Aber irgendwie hatte ich ein bisschen Muffensausen beim Anblick dieses bärtigen Hünen.

Jetzt hatte ich endgültig genug. Dann lieber alleine.

Vielleicht darf ich euch noch kurz schildern, warum es für mich so schwierig war, einfach mal abends ohne mein Söhnchen auf die Pirsch zu gehen, um neue Leute kennenzulernen.

Meine Freunde von früher konnten mit mir nicht mehr viel anfangen. Sie lebten ihr Leben wie früher weiter, während ich ein Kind hatte. Ich spielte auf einmal in einer anderen Liga und musste mir neue Freunde, vorzugsweise mit Kindern im selben Alter wie meins, suchen.

Nach der Scheidung zog ich an den Stadtrand in eine Siedlung, in der fast ausschließlich Leute mit Kindern wohnten. Gewählt hatte ich den Standort, weil meine Eltern auch dort wohnen. Sie leben in der gleichen Straße wie wir, nur ein paar Häuser weiter. Nun ist es so, dass ich mir Hilfe von ihnen erwartet hatte. Diese bekam ich aber leider nicht. In der Trennungsphase von meinem Ehemann hatten sie weiter den Kontakt zu ihm gepflegt. Selbst nach der Scheidung hielten sie weiter zu ihm, bis sie irgendwann auch mal sein wahres Gesicht sehen durften. Heute hat er zu niemandem von uns noch Kontakt. Doch dazu später mehr.

In der Kur riet mir mein Therapeut, meinem lange aufgestauten Ärger doch mal Luft zu machen. Von dem darauffolgenden Rundumschlag blieben auch meine Eltern nicht verschont. Ich sagte ihnen alles, was mir schon immer auf dem Herzen lag. Das Resultat war, dass wir ein Jahr überhaupt keinen Kontakt mehr hatten und auch heute nicht wieder so herzlich und unbeschwert miteinander umgehen können wie früher. Wir haben Kontakt, aber nur sporadisch und freundschaftlich. Mittlerweile sind beide zu alt und auch körperlich nicht mehr dazu in der Lage, mir mit meinem Sohn zu helfen.

Mein Bruder ist von Beruf Tätowierer, hält sich als Haustier einen Kampfhund und hatte vor zwei Jahren einen Herzinfarkt. Unser Kontakt beschränkt sich auf Telefonate an Weihnachten und den Geburtstagen. Wir sind einfach zu verschieden. Daher war auch von dieser Seite nie Hilfe zu erwarten.

Meine Freundinnen waren gerne bereit mal einzuspringen und sich um mein Söhnchen zu kümmern, wenn ich mal dringend wo hin musste, aber auch nur tagsüber. Wenn ich abends ausgehen wollte, hätte ich mir einen Babysitter holen und diesen bezahlen müssen. Ein einfacher Kinoabend hätte mich locker fünfzig Euro gekostet. Also blieb ich lieber zu Hause.

Heute ist Jonas elf Jahre alt und übernachtet schon mal bei seinen Freunden. An diesen Abenden habe ich die Möglichkeit, endlich alleine aus dem Haus zu gehen. Ich habe bis heute alles alleine geschafft, und es wird jetzt immer leichter - zumindest bis zur Pubertät.

Jetzt habe ich aber zu weit vorgegriffen. Noch ist Jonas zwei und mir fällt die Decke auf den Kopf.

Endlich der Traummann?

Meiner besten Freundin Andrea berichtete ich von meiner Misere mit den diversen Zeitungsannoncen natürlich immer brühwarm.

Eines Tages meinte sie darum: „Ich kenne da jemanden, der wäre was für dich. Mein Automechaniker. Er ist vierunddreißig Jahre alt, soviel ich weiß Marokkaner und er hinkt etwas. Er ist aber immer sehr lieb zu meinem Sohn und er ist auf der Suche nach einer Frau – am liebsten mit Kind. Soll ich euch nicht mal zusammenbringen?"

„Ach Andrea – wieder ein Moslem? Ich glaube nicht, dass ich mir das nochmal zumuten will! Ihre Ansichten über Frauen sind mir zu antiquiert. Ich mag keine Machos. Eigentlich suche ich einen Partner. Um ganz ehrlich zu sein – ein gebranntes Kind scheut das Feuer! Zu Deutsch: Ich hab einfach einen Riesenschiss!"

Nach dieser Rede kam das Treffen nicht zustande. Andrea hörte allerdings nicht auf, mir von dem ominösen Fremden vorzuschwärmen. Sie beschrieb ihn mir in den leuchtendsten Farben. Was ich damals nicht wusste, sie beschrieb mich Ali auf dieselbe Weise, so dass er natürlich irgendwann seinerseits auf ein Treffen drängte. Und was hatte ich bei einem einzigen Treffen schon zu verlieren? Er wollte Jonas und mich sowie Andrea und ihren Sohn nach Frankreich zum Cous-Cous-Essen einladen. Also – was soll's. Ich putzte mich vorsichtshalber ein wenig heraus und wir tigerten los.

Nur zur Info am Rande: Wir mussten keine Weltreise unternehmen, um ins Nachbarland zu gelangen. Eine Autofahrt von zwanzig Minuten reichte aus. Das Restaurant war urgemütlich und Alis bester Freund Mohammed arbeitete dort als Kellner.

Nie zuvor hatte ich Cous-Cous gegessen. Es stellte sich als sehr lecker heraus. Und nicht nur das Essen war lecker, auch Ali überraschte mich angenehm.

Er befasste sich gleichermaßen mit all seinen Gästen. Außer uns hatte er noch ein weiteres Pärchen eingeladen. Es wurde ausgelassen geredet und gescherzt. Teils auf Deutsch, aber größtenteils auf Französisch.

Andrea hatte einen französischen Vater und lebte viele Jahre in Paris. Ali war kein Marokkaner, sondern Algerier. Dort ist Französisch die zweite Landessprache. Mein Französisch war ziemlich eingerostet, aber verstehen konnte ich noch immer eine Menge.

Ich kam mir nicht wie erwartet vor wie auf dem Präsentierteller oder wie auf einer Fleischbeschau. Allmählich entspannte ich mich und konnte den Abend richtig genießen.

Wenn die Kinder anfingen unruhig und quengelig zu werden, schnappte Ali sie sich und versetzte sie mit ein paar Zauberkunststückchen in Erstaunen.

Nachdem der Abend ausgeklungen war, bot Ali mir an, uns nach Hause zu fahren. Ich nahm dankbar an. Auf dem Heimweg schlief Jonas ein und wir konnten uns angeregt unterhalten. Als wir bei mir vor der Haustür ankamen, bedankte sich Ali erneut für den schönen Abend (er! – dabei hatte er doch alles organisiert und bezahlt!), gab mir seine Handynummer, küsste mich nach französischer Sitte rechts und links auf die Wange, winkte fröhlich und verschwand.

Ich schulterte meinen schlafenden Sohn und schwebte Richtung Haustür davon. Später saß ich in meinem Wohnzimmer und ließ den Abend Revue passieren.

Schön war's! Und Ali war sehr nett! Ich würde ihn gerne wieder sehen. Aber wie lange müsste ich schicklicher Weise warten, bis ich ihn anrufen durfte? Meine Telefonnummer wollte er nicht haben. Ich solle anrufen. Eine Woche? Drei Tage? Keine Ahnung!

Ganze zwei Tage hielt ich es aus, bevor ich zum Hörer griff. Ali freute sich riesig. Ihm hatte ich gleich auf Anhieb super gefallen. Er wollte mich aber nicht verschrecken und mir die Entscheidung überlassen, ob und wann ich mich melde. Wir verabredeten uns gleich für das nächste Wochenende. Natürlich mit meinem Söhnchen.

Ali kam schon mittags vorbei. Wir fuhren kurz auf einen schönen Spielplatz und danach lud er uns in sein Lieblingseiscafé ein. Dort beschäftigte er sich intensiv mit Jona. Er zauberte bestimmt eine Stunde lang mit ihm. Jonas war hellauf begeistert. Ich auch!

Ali sagte lauter außerordentlich nette Dinge. Ich wäre eine Supermutter, meinte er zum Beispiel. Woher er das denn wisse nach den paar Stunden, die wir uns erst kannten? Na, so was würde man an den Kindern sehen. Und mein Sohn wäre ein ganz besonders liebes und aufgewecktes Kerlchen. Hach, das ging runter wie Öl. Abends brachte er uns nach Hause und diesmal ging er sogar mit uns nach oben. Er half, Jonas ins Bettchen zu bringen. Vorher rauftc er noch mit ihm, bis dem Kleinen die Puste ausging.

Mir ging es später dann auch nicht viel anders. Auch mir ging vom vielen Rumknutschen bald die Puste aus. Ich war halt nichts Gutes mehr gewöhnt.

Irgendwie hatte Ali es geschafft mich zu verzaubern. Meine ganzen Bedenken wegen der Kultur-

Unterschiede, der unterschiedlichen Glaubensrichtungen und Ähnlichem waren auf einmal wie weggeblasen. Hach – Küssen konnte er!

Als ich schon zu allen Schandtaten bereit war, verabschiedete er sich brav und fuhr nach Hause. Schlafen konnte ich in dieser Nacht nicht mehr. Ganze Ameisenhorden krabbelten über meinen Körper und ständig hatte ich ein leicht dümmliches Grinsen im Gesicht. Ich war also mal wieder verliebt!

Sonntags kam er gleich wieder vorbei und fuhr mit uns beiden ein bisschen raus. Wir spazierten einfach nur so herum und landeten schließlich wieder auf einem Spielplatz. Ali machte sich ständig darüber Gedanken, wie wir Jonas am besten beschäftigen konnten, natürlich mit dem Hintergedanken, dass ich dann Zeit für ihn hätte.

Mit Ali konnte ich mich wunderbar unterhalten. Normalerweise war ich in einem Gespräch der Alleinunterhalter und die anderen kamen kaum zu Wort. Anders bei Ali. Er redete genau so gerne und viel wie ich. Sein Deutsch war nicht perfekt, aber sehr gut. Ständig fielen wir uns gegenseitig ins Wort. Ich amüsierte mich großartig. Genau das brauchte ich jetzt. Jemand, der sich für mich interessierte, aber der auch meinen Sohn nicht vergaß.

Auch dieser Sonntag verlief einfach optimal.

Abends landeten wir wieder bei mir zu Hause. Dort redeten wir dann kaum noch, stattdessen knutschten wir ausgiebig. Wieder machte er mich total wuschig, um zu verschwinden. War ich ihm vielleicht doch nicht anziehend genug? Falsch formuliert! Vielleicht war ich ihm nicht ausziehend genug! Vielleicht war er aber auch nur genauso vorsichtig, wie ich es eigentlich sein sollte.

Wir telefonierten in dieser Woche noch oft, bis wir uns endlich wieder am Freitag sehen konnten.

Er kam abends und spielte und raufte mit Jonas, bis dieser todmüde in die Kissen sank. Danach konzentrierte er sich ganz auf mich. Und diesmal fuhr er nicht nach Hause. Ich gefiel ihm also doch – und wie! Der Mann war einfach unersättlich! Die ersten Nächte, die er bei mir verbrachte, kam ich kaum zum Schlafen. Wir redeten, liebten uns, redeten wieder, liebten uns erneut, schliefen zwei bis drei Stunden und dann weckte er mich wieder mit Sex, bis Jonas zu uns ins Bett gehüpft kam.

Diese Zeit erlebte ich wie einen einzigen großen Taumel. Das konnte alles gar nicht wahr sein! Ich brauchte ihn nur mit dem Finger am Arm zu berühren und schon war er wieder total heiß auf mich. Er zerrte mich oft kurz für einen Quicky ins Badezimmer oder in die Abstellkammer. Jonas spielte in der Zeit mit seinen Bauklötzchen vor der Tür und rief ab und zu nach seiner Mama. Ali sagte immer nur: „Warte kurz, mein Schätzchen, Mama kommt gleich!"

Auf einmal fühlte ich mich wieder sehr lebendig und jung!

Nur experimentierfreudig war Ali nicht. Er mochte mich so natürlich wie möglich. Immer nur total nackt und in drei einfachen, bodenständigen Stellungen. Keine Reizwäsche, kein Striptease, kein Knabbern am Ohrläppchen, kein Petting, kein Französisch, Russisch oder sonst etwas Außergewöhnliches wie Fesselspielchen. All das fand er nuttig und lehnte es demzufolge ab.

Anfangs ließ ich mich noch ab und an dazu hinreißen, ihn zu streicheln oder zu küssen, aber wenn ich die falschen Regionen erwischte, wurde er kurz, aber heftig richtig böse, so dass ich später immer genau aufpasste und ihn einfach machen ließ. Ich kam ja schon auf meine Kosten. Nur entspannen konnte ich mich nie so richtig, da ich ständig aufpassen musste, dass ich ihn nicht aus Versehen kratzte oder biss.

Eigentlich ist es ganz praktisch, wenn man ganz genau weiß, was ein Mann will. Und anfangs brauchte ich auch kein großes Vorspiel. Ali sah mich nur an oder hauchte mir etwas ins Ohr, schon war ich auf hundertachtzig!

Er hatte auch jede Menge Freunde und Bekannte im ganzen Saarland. Überall wurden wir mit hinge-schleppt. Jonas schien es sehr zu gefallen, denn die anderen algerischen Familien hatten ebenfalls viele Kinder. Dort war immer etwas los. Immer gab es herrliches Essen. Das berühmte Cous-Cous durfte natürlich nicht fehlen. Es war anfangs für mich nur sehr seltsam, dass diese Leute streng nach ihrer Kul-tur lebten – und das mitten in Deutschland.

Die Familien saßen nur zusammen, wenn sie unter sich waren. Sobald ein größeres Fest anstand, feier-ten Männer und Frauen getrennt.

Die Frauen fanden das super, denn nur so konnten sie richtig aus sich herausgehen. Ständig wurde gelacht und gescherzt und natürlich getanzt. Wenn die Männer, die meistens vor dem Fernseher saßen und irgendwelche algerischen Filme über Satellit ansahen, abgefüttert waren, begannen die Frauen in ihrem Zimmer zu essen. Die Kinder hielten sich auf, wo sie wollten, meistens bei den Männern, da ihnen das Kichern der Weiber schnell auf die Nerven ging.

Die Frauen hatten einen Riesenspaß daran, mir den Bauchtanz beizubringen. Ich auch! Allerdings war mir das Ganze manchmal richtig peinlich. Wenn alle arabisch sprachen und in meine Richtung laut lachten, fühlte ich mich leicht unbehaglich. Doch meistens wurde in meinem Beisein die Unterhaltung auf Französisch geführt. Hin und wieder versuchte eine der Frauen mit Ihren Deutschkenntnissen zu glänzen und sah sich dann immer ganz stolz in der Runde um.

Die Frauen kamen kaum vor die Tür. Wo sollten sie also Deutsch lernen? Die Männer gingen einkaufen, die Frauen kochten. Die Männer gingen arbeiten, die Frauen putzten. Die Männer gingen in die Cafés, die Frauen trafen sich zur Handarbeitsstunde zu Hause. Und alle schienen zufrieden zu sein. Zumindest, wenn sie viele Freunde, Bekannte oder sogar Familien um sich scharen konnten.

Ich traf nur einmal eine unglückliche Frau. Sie war erst frisch in Deutschland eingetroffen und oft alleine. In ihrem Stadtteil hatte sie keine Bekannten, und wenn ich dort zu Besuch war, saß ich immer alleine mit ihr in der Küche. Sie tat mir sehr leid, und ich wollte sie mal zu mir einladen, doch ihr Mann war dagegen. Sie solle sich keine zu freien Ansichten zu Eigen machen, das täte ihr nicht gut. Deshalb ließ ich sie in Ruhe.

Ansonsten fühlte ich mich unter den Algeriern sehr wohl. Sie aßen nur andere Dinge und tranken keinen Alkohol. Eigentlich bewundernswert. Eine Party bei Deutschen ist ohne Alkohol nicht denkbar. Einer wird meistens ausfallend und das Ganze eskaliert. In den moslemischen Kreisen passierte so was nicht.

Ich war also rundum glücklich und zufrieden, bis eines Tages ein ganz besonderes Treffen stattfand. Ungeplant – doch dafür umso schlimmer. Ali ging fort zur Arbeit. Ich lud Ahmed ein, damit er seinen Sohn sehen konnte. Er kam prompt. Wie immer saß er nur herum und schaute Jonas beim Spielen zu.

Auf einmal klingelte es und Ali stand vor der Tür. Er wollte uns überraschen. Na, die Überraschung gelang im trefflich. Jonas stürzte auf ihn zu und unter lauten Ali-Ali-Rufen begrüßte er ihn herzlich. Sofort begannen die beiden zu balgen und es gab ein Riesengelächter.

Ahmed lief puterrot an und meinte nur: „Ich bin hier ja wohl überflüssig! Ich geh dann mal!"

Eigentlich wollte ich ihm an diesem Tag von Ali erzählen. Jetzt gab er mir keine Chance irgendetwas zu erklären. Wochenlang versuchte er danach, mich davon zu überzeugen, dass ich doch besser zu ihm zurückkäme. Es war der reinste Telefonterror. Als er dann verstanden hatte, dass das mit uns wohl nichts mehr wurde, sagte er mir, dass er uns beide nie mehr wiedersehen wolle. Und damit verschwand er aus unserem Leben - aber nicht endgültig.

Die ersten Wochen und Monate mit Ali verflogen im Nu. Eines Tages bat er mich dann um ein sehr ernsthaftes Gespräch. Er habe ein Problem, mit dem er mich eigentlich nicht belasten wolle, aber nun ginge es nicht mehr anders. Seine Duldung in Deutschland wäre abgelaufen und da der Krieg in Algerien offiziell beendet war, bekäme er auch keine Verlängerung. – OH NEIN! – Nicht schon wieder!

Ali erzählte mir aus seinem Leben. Wie er in Algerien mit seinem Onkel in der Autowerkstatt gearbeitet hatte. Er hatte ihm immer zugesehen. Als er dann größer wurde, hatte er auch immer mitgeholfen. Und später übernahm er dann die Werkstatt. Diese Art, den Beruf zu erlernen, war in Deutschland leider nicht anerkannt. Er hatte keine offizielle Prüfung abgelegt, trotzdem war er als Automechaniker unheimlich gut. Er konnte sich teilweise seine Ersatzteile selbst herstellen oder er wusste genau, ob es unbedingt ein Originalersatzteil sein musste, oder ob nicht auch ein Teil aus einer preisgünstigeren Marke genauso gut passt. Seine Kunden waren allesamt hochzufrieden mit ihm und seiner Arbeit. Er war ein echter McGyver auf seinem Gebiet!

Nur hatte er eben keine Arbeitserlaubnis und schon bald auch keine Aufenthaltserlaubnis mehr.

Ali hatte sich in Algerien mit den Ordnungshütern angelegt und hatte große Angst zurück zu müssen. Er hatte eine große Familie in Algerien, die er von hier aus unterstützte. Vater, Mutter und zehn Brüder mit ihren Frauen und etwa fünfzig Nichten und Neffen. Dazu kamen noch Onkel und Tanten mitsamt ihrem Anhang. Durch den Krieg lebten alle in großer Armut. Er würde es nicht ertragen, sie leiden zu sehen.

Ali war von Algerien nicht direkt nach Deutschland gezogen. Es hatte ihn eigentlich nicht lange bei seiner Familie gehalten. Als Kind hatte er Kinderlähmung und musste lange umsorgt und behütet werden. So genoss er seine Selbstständigkeit später doppelt. Immer wenn er etwas Geld verdient hatte, zog er in die Welt hinaus. In den Kongo, nach Tansania, Mali, Oman, Jugoslawien, Frankreich, Deutschland. Da hatte er aber noch seinen freien Willen. Jetzt fühlte er sich gefangen. Ein Staat konnte darüber bestimmen, wo und wie er zu leben hatte. Das fand er mehr als unfair. Und ich konnte ihm da nur zustimmen.

Ich wollte alles tun, um ihm einen Aufenthalt in Deutschland zu ermöglichen. Ali gehörte jetzt hierher, er gehörte zu mir. Auch war Ali schon mal mit einer deutschen Frau verheiratet gewesen. Aber leider nicht lange genug. Ich wollte ihn auf keinen

Fall verlieren. Nachdem wir alle Möglichkeiten hundertmal durchgegangen waren, bot ich ihm an ihn zu heiraten.

Ali freute sich riesig. Nicht nur wegen des Aufenthalts. Er hätte mich niemals gefragt. Schließlich wolle er mich ja nicht für seine Zwecke ausnutzen. Aber ich sei die Frau, mit der er den Rest seines Lebens verbringen wolle. Und Jonas liebte er heiß und innig. Er unternahm unheimlich viel mit dem kleinen Mann. Ständig nahm er ihn mit zum Schrottplatz. Dort durfte Jonas nach Herzenslust ‚Autos reparieren‘. Er hämmerte auf den alten Karossen herum und schraubte an den alten Motoren. Wenn die beiden nachmittags heimkamen, waren sie total ölverschmiert und grinsten glücklich von einem Ohr bis zum anderen.

Manchmal war ich richtig eifersüchtig. Ali schenkte Jonas oft mehr Aufmerksamkeit als mir. Ständig brachte er ihm etwas Kleines mit. (Mir übrigens auch – nur nicht ganz so häufig!) Warum, in Gottes Namen, sollte ich ihn also nicht heiraten?

Die Antwort kam von total unerwarteter Seite. Alis Abschiebung wurde um drei Monate verschoben, damit wir die Hochzeit in aller Ruhe vorbereiten und uns alle erforderlichen Papiere besorgen konnten. Meine Papiere waren der einfache Teil, doch Ali benötigte eine Heiratserlaubnis aus seinem Land. Die Schwierigkeiten begannen schon, als wir seine Geburtsurkunde im deutschen Standesamt vorlegten. Darin stand, dass er ledig sei. Nach deutschem Recht galt er allerdings als geschieden. Ali hatte seine Hochzeit mit einer Deutschen den algerischen Behörden nicht gemeldet. Das holte er jetzt nach. Es war ein langes Hin und Her nötig, um seine deutsche

Ehe in Algerien anerkennen zu lassen. Nach vielen Wochen war es endlich soweit.

Seine gesamte Familie in Algerien half ihm dabei. Er hatte einen Anwalt in Algier, der nicht gerade billig war. Und in Algerien arbeiten die Beamten noch langsamer als in Deutschland. Oh doch – das geht noch! Endlich bekamen wir seine korrigierte Geburtsurkunde. Darin stand jetzt ‚verheiratet'. Das gefiel dem deutschen Standesamt immer noch nicht.

Auch auf logische Argumente, wie zum Beispiel die Heiratsurkunde und das Scheidungsurteil, reagierten sie nicht. In der Geburtsurkunde müsse stehen ‚geschieden'. Die algerischen Behörden sagten nein, und Ali wurde ausgewiesen.

Jetzt begann eine furchtbare Zeit.

Wir hatten verabredet, jeden Sonntagmorgen um 10:00 Uhr miteinander zu telefonieren. Er hatte sein Handy dabei. Der Empfang war aber nur gut, wenn er auf dem Dach seines Elternhauses saß. Meine Telefonrechnung stieg ins Unermessliche. Aber ich musste ganz einfach mit ihm Kontakt halten. Ali erzählte mir viel von seiner Familie und von seinen Versuchen, die Behörden doch noch milde zu stimmen. Außerdem vermisste er uns beide unendlich und wir ihn auch.

Solch eine Fernbeziehung ist nicht sonderlich befriedigend.

Seine Freunde in Deutschland meldeten sich auch immer wieder bei mir, um Neuigkeiten zu erfahren. Zu Weihnachten wollte ich ihm eine ganz besondere Freude machen. Ich nahm ihm eine Musikkassette auf mit mehreren Liedchen, die Jonas gesungen hatte, und jeder Menge Songs, die ich von mir aufgenommen hatte, mitsamt Gitarrenbegleitung. Am

Ende der Kassette sprach ich ihm noch ganz viele, liebe Dinge drauf und auch Grüße an seine Familie. Eigentlich war die Kassette nur für ihn gedacht. Aber er spielte sie stolz seiner ganzen Familie vor. Wie peinlich!

Er schickte mir durch einen Freund auch Geschenke. Eine wunderschöne Wüstenrose. Das ist ein Gebilde aus Wüstensand und Kristallen, das alleine durch Wind und Wetter in Rosenform geblasen wird. Die steht auch heute noch in meiner Wohnung auf einem Ehrenplatz.

Ali begann Pläne zu schmieden, um mich wiederzusehen. Er wollte mir unbedingt seine Familie vorstellen.

Ich solle doch bitte mit Jonas im Februar für zwei Wochen nach Algerien kommen. Zuerst schlotterten mir die Knie bei dem Gedanken in ein moslemisches Land zu reisen, in dem noch vor so kurzer Zeit ein Krieg getobt hatte. Aber Ali beruhigte mich. Die Region, in der seine Familie lebte, sei schon wieder mitten im Aufbau. Nur im Hinterland würden die Rebellen noch Leute erschießen. Das klang zwar nicht sonderlich vertrauenerweckend, aber was tut man nicht alles aus Liebe.

Einer seiner Freunde begleitete mich auf die algerische Botschaft, um ein Visum für Jonas und mich zu beantragen. Ich bekam es ohne Probleme. Auch alle anderen Formalitäten erledigten wir mit links. Der Botschaftsmitarbeiter war sehr nett und erklärte mir genau, was ich alles zu beachten hätte. Na wunderbar! Wenn er da nur nicht eine Kleinigkeit vergessen hätte. Aber dazu später mehr!

Anfang Februar packte ich unsere sieben Sachen und wir fuhren mit einem anderen Freund von Ali nach Frankfurt an den Flughafen, um zitternd vor Erwartung in den Flieger zu steigen.

Algerien

Schon bei unserer Landung merkte ich, dass ich in eine andere Welt geraten war. Die Gerüche waren anders, die Luft fühlte sich anders an, das Lebenstempo war ganz anders. Diese vielen Menschen am Flughafen! Ich hatte furchtbare Angst, entweder einen Koffer oder Jonas zu verlieren.

Als ich endlich mit sämtlichen Koffern, Kind und Kegel dem Ausgang zustrebte, stand Ali dort mitten in der Menge und grinste, winkte und schrie wie ein Irrer. Mann, das war ja ein Empfang. Sofort fühlte ich mich sicher und geborgen.

Er hätte eine riesengroße Überraschung für uns. Aufregung machte sich breit. Aber zuerst drängte er uns zu seinem Auto, um mit uns in sein Heimatdorf zu kutschieren.

Wir mussten von Algier aus eine Stunde mitten durchs Land fahren. Direkt hinter der Stadt begann eine Art Autobahn, die man in Deutschland kaum so bezeichnet hätte. Dort durften Fahrräder fahren, und immer wieder gab es mitten auf der Autobahn Bushaltestellen. Rechts und links der Strecke war ganz viel Sand, und in weiterer Ferne entdeckte ich kleine Ansammlungen niedriger Häuschen.

Überall wuchsen neue Häuser in die Höhe. Das ganze Land war im Aufbau. In der Nähe der Großstadt entstanden mehrstöckige Wohnsiedlungen wie hier im Westen auch. Aber sobald man weiter ins Land hinein kam, änderte sich die Bauweise. Dort schuf noch jeder Familienvater sein Häuschen selbst, schief und krumm, aber mit viel Liebe. Wer Glück hatte, besaß in der Familie einen Maurer, Klempner oder Elektriker. Sonst kannte man jemanden, der jemanden kannte, der jemanden kannte, der Maurer, Klempner oder Elektriker war.

In Algerien wurde noch getauscht. ‚Ich kann dir sämtliche Stromanschlüsse legen, wenn du mir beim Dachdecken meines Hauses hilfst!' Ich fühlte mich, als wäre ich mit einer Zeitmaschine sechzig Jahre in die Vergangenheit gereist.

Später fuhren wir durch kleinere Orte. Überall blühte prächtiger Jasmin, und zwar der echte, nicht dieser verkappte Pfeifenstrauch, den ich aus Deutschland kannte. Die Luft duftete betäubend süß nach den weißen Blüten und nach einer Blume, die nach Orangen roch. Mir wurde regelrecht schwindelig.

Es gab in Algerien unzählige uralte Autos, meist französische Modelle aus der Zeit, als Algerien noch von den Franzosen besetzt war. Dort unten gab es kaum Regen, also auch keinen Rost. Man konnte Autos sehen, die bei uns längst als Oldtimer galten. Sehr häufig fuhren die Leute mit R4s herum. Es gab sogar R4-Taxis. Hier gab es auch keinen TÜV. Solange das Auto noch rollte, durfte es auf die Straße. Anschnallpflicht? Fehlanzeige! Wie auch – ohne Gurte in den Autos. Normale fünfsitzige Kombis waren zu siebensitzigen Taxis umgebaut worden. Ein Kofferraum wurde nicht benötigt, stattdessen fand sich dort eine weitere Sitzbank. Das Gepäck wurde kurzerhand aufs Dach geschnallt.

Ein Taxi fuhr erst los, wenn jeder Platz besetzt war. Rentabel war das Geschäft ja, aber damit musste auch eine Großfamilie durchgefüttert werden. Und wenn Geld übrig blieb, konnte man sich wieder Steine und Zement kaufen, um weiter an seinem Haus zu bauen.

Die Bewohner hatten alle Zeit der Welt. Unfertige Häuser gab es an jeder Ecke. Ein überdachtes Zimmer reichte für den Anfang. Dann wurde je nach Geldlage weitergebaut.

Ali brachte uns nicht zu seinem Elternhaus. Das war ein Teil der großen Überraschung. Seine Eltern hatten zwar ein großes Haus, aber auch jede Menge Kinder und Enkelkinder. Jede Familie bewohnte je nach Größe ein bis zwei Zimmer dieses Hauses. Die Küche war ein Gemeinschaftsraum und zum Essen traf man sich meistens in einem offenen Hof. Das war möglich, da wir gerade Winter hatten, es aber sechzehn bis zwanzig Grad warm war. Die Algerier schlotterten vor Kälte, ich fand es sehr angenehm.

Es gibt in Algerien auch Schnee, aber nur in den Bergen. Wir fuhren eines Tages hoch, um Alis Geburtsstadt von oben zu betrachten, und konnten tatsächlich eine Schneeballschlacht machen. Aber im Allgemeinen ist der Winter in Algerien eher wie ein Frühling in Deutschland. Im Sommer hingegen wird man dort gegrillt. Da war mir der Winter entschieden lieber.

Und da war sie endlich – Alis Überraschung!

Er brachte uns in dem fast fertigen Haus eines sehr wohlhabenden Bekannten der Familie unter. Es war ein Bungalow mit drei Zimmern, Küche und Bad. Sie hatten extra Möbel besorgt: Ein Kinderbettchen für Jonas, einen Schrank für uns und Matratzen auf dem Boden mit jeder Menge Decken. Im Wohnzimmer standen ein Regal mit einem Fernseher, ein flacher, großer Tisch und viele Matratzen lagen auf dem Boden als Sitzgelegenheiten. Ein geräumiger Flur beherbergte den Gasofen, der das ganze Haus beheizte. Dort standen auch ein paar Stühle. So konnten wir uns abends vor dem Ofen versammeln und den Tag gemütlich ausklingen lassen. In der Küche standen ein Tisch, ein Kühlschrank, ein Gasherd, eine große Spüle und ein paar Schränke aus Uromas Zeiten. Eine Extra-Kochstelle war im Boden eingelassen. Ich fand diesen Raum am gemütlichsten.

Das Bad war gewöhnungsbedürftig, was ganz besonders für die Toilette galt. In Algerien gab es keine Kloschüsseln und kein Klopapier. Gott sei Dank hatte ich welches dabei! Die Toilette war ein Becken im Boden mit einem Loch in der Mitte und zwei geriffelten Erhöhungen für die Füße. Man musste sein Geschäft im Hocken erledigen und sich seinen Hintern mit fließendem Wasser aus einem neben der Toilette hängenden Wasserschlauch abspülen. Ich hatte zwei Tage Probleme, bis ich es endlich raus hatte, mich in dieser Haltung einigermaßen zu entspannen. Auch gewöhnte ich mir an, Röcke zu tragen, da das die Sache noch vereinfachte. Außerdem trug in Algerien keine einzige Frau jemals Hosen. Bestimmt nur wegen der Toiletten. Sollten sich doch die Männer die Hosenbeine verderben, die Frauen jedenfalls nicht.

Jonas hatte die gesamten vierzehn Tage mit den Toiletten Probleme. Er konnte sein großes Geschäft einfach nicht dort verrichten. Ich musste ihm immer einen abgelegenen Busch suchen. Dort klappte es dann. Das Pipi-Machen im Stehen fand er cool. Natürlich hatte ich später zu Hause Mühe, es ihm wieder abzugewöhnen.

Dann gab es noch einen wunderschönen Innenhof mit einem riesigen Brunnen und einer eigenen Zisterne voll Wasser. Das war gut so, denn durch das Örtchen Blida führte nur ein Fluss. Zwei Tage erhielt die rechte Flussseite Wasser, zwei Tage die linke Seite. Immer schön abwechselnd. In den Bergen hatten die Rebellen den Fluss angestaut und ließen nicht genug Wasser für alle ins Tal.

Keiner im Ort besaß Maschinen, die mit Wasser funktionierten, ergo auch keine Waschmaschine. Die Wäsche wurde in großen Zubern mit Waschbrettern gewaschen. Der Eindruck der Zeitreise verstärkte sich weiter.

Des Weiteren gab es direkt am Haus noch einen Obst und Gemüsegarten. Besonders die Orangen- und Zitronenbäume hatten es mir angetan. Es war ein wundervolles Gefühl, einfach in den Garten zu gehen und sich diese Früchte zu pflücken - und das im Februar!

Die obere Etage des Hauses war noch nicht fertiggestellt und wurde von uns als Sonnenterasse zweckentfremdet.

Rund um die Häuser dieses Örtchens liefen Schafe und Ziegen herum. Sie waren teilweise an Pflöcke angebunden, teilweise liefen sie frei. Auch Hühner traf ich in den Straßen auf Schritt und Tritt. Abends bekamen wir im Innenhof Besuch von vielen streunenden Katzen, die sich um die Essensabfälle balgten.

Die Begrüßung durch Alis Familie war äußerst herzlich. Alle fielen mir um den Hals und küssten mich rechts und links auf die Wange. Jonas wurde rumgereicht und von jedem geherzt und abgeküsst, was ihm überhaupt nicht schmeckte. Sofort fing er an zu weinen und wollte nur noch zu mir. Verständlich – fand ich. So viele Leute und ein solches Stimmengewirr und keiner verstand ihn. Das war für den kleinen Mann zuviel.

Mir hingegen gefiel es irgendwie. Mit meinen Eltern herrschte derzeit Funkstille und der Rest der Familie sorgte sich immer nur um sich selbst. Ich war der Mittelpunkt des Geschehens. Jeder wollte ein Lächeln von mir erhaschen. Danach wurden wir in das Wohnzimmer geführt. Die Schuhe mussten draußen bleiben. Etwa zwanzig Paar Schuhe lagen in einem bunten Haufen vor der Wohnzimmertür. Wildromantisch, sag ich euch.

Dann gab es das erste gemeinsame Essen. Alle saßen um den flachen Tisch herum auf den Matratzen. Das Essen wurde in verschiedenen großen Schüsseln aufgetragen. Jonas und ich bekamen Tellerchen und je einen Löffel. Dazu wurde frisches Baguette serviert. Alle stürzten sich zuerst auf das Brot. Warum? Ich sollte es gleich erfahren. Niemand außer uns benutzte Besteck oder Teller. Jeder nahm sich ein Stück Brot und angelte damit in den Schüsseln nach Essen, um es sich zufrieden grinsend in den Mund zu stopfen.

Während des Essens wurde geredet und gelacht. Nicht wie bei uns: „Sitz gerade! Nimm die Ellbogen vom Tisch! Benutz Messer und Gabel! Mit vollem Mund spricht man nicht!"

Hach, war das gemütlich. Immer wieder hörte ich dieselbe Aufforderung: „Coulé! Coulé!" – „Iß! Iß!", übersetzte Ali für mich.

Und ich aß. Alles war superlecker. Es gab scharfe Sachen, milde Gerichte mit viel Gemüse und stets selbstgemachte Pommes frites. Wie bei meiner Oma. Ich wurde ganz sentimental. Zu Trinken gab es Wasser und nach dem Essen einen ganz speziellen Tee. Ein ganz dunkler, starker, grüner Tee mit Pfefferminzblättern. Echt lecker!

Zum Frühstück gab es meistens nicht viel. Café au lait und Brot zum Reintunken. Dazu noch die restlichen Süßigkeiten vom Nachmittagskaffee des Vortags. Mittags und abends wurde warm gegessen.

Stets mit viel Auswahl, viel gesundem Gemüse und wenig Fleisch. Fleisch war zu teuer und so musste ein Hähnchen für zehn Personen reichen. Da keiner unterernährt aussah, machte ich mir keine Sorgen.

Nachmittags gab es Kaffee und selbstgebackene Süßigkeiten. Stets trieften diese Gebäckteile vor Honig und waren mit Sesam bestreut. Sehr süß und sehr lecker. Auch Kuchen wurde gebacken, aber nur zu besonderen Anlässen. Ständig wurden wir zum Essen genötigt. Bei jedem Kurzbesuch mussten wir wieder etwas essen. Und alles schmeckte völlig anders, aber so gut. Trotzdem hatte ich tatsächlich zwei Kilo abgenommen, als wir glücklich wieder zu Hause gelandet waren. Aber noch waren wir hier.

Ich wurde von Ali zu den Frauen in die Küche gesteckt. Dort gab es immer eine Riesengaudi. Zwei seiner Schwägerinnen konnten ganz gut Französisch. Seine Mutter war eine sehr kleine, runzelige und liebe Frau, die leider kein Wort Französisch verstand. Wir verständigten uns in Zeichensprache.

Die Frauen versuchten mich zu unterhalten, trotzdem begann ich bald mich zu langweilen. Also bestand ich darauf in der Küche mitzuhelfen. Anfangs übertrugen sie mir so verantwortungsvolle Aufgaben wie Erbsen Pulen, Bohnen Schnippeln und Kartoffeln Schälen. Letztere wurden allerdings nur mit einem äußerst scharfen Messer abgeschabt. Nur ja keinen unnötigen Abfall produzieren. Außerdem heißt es ja, dass unter der Schale die meisten Vitamine sitzen.

Später drückten mir die Frauen einen Zettel und einen Stift in die Hand, zeigten mir Gemüse, Kräuter und Gewürze und nannten die algerischen Namen. Ich sollte mir die Vokabeln aufschreiben und lernen. Das machte Spaß. Dann begannen sie mir die Rezepte zu erklären und ich lernte verschiedene algerische Nationalgerichte zuzubereiten. Heute beherrsche ich leider nur noch das algerische Cous-Cous aus dem Effeff. Die anderen Gerichte waren mir zu aufwendig, um sie zu Hause für nur zwei bis vier Personen nachzukochen.

Irgendwie schafften es die Frauen, dass ich mich in kürzester Zeit dort richtig heimisch fühlte.

Zwischendurch kam immer noch mehr Besuch, um mich genau zu begutachten. Ali hatte mich als seine Ehefrau vorgestellt, damit wir in einem gemeinsamen Zimmer übernachten durften. Alle übrigen Verwandten nächtigten im Wohnzimmer auf den Matratzen.

Auch Besuche machten wir häufig. Wir fuhren alle zusammen in sein Elternhaus, um den Rest der Verwandtschaft kennenzulernen. Dafür nahmen wir einen Kastenwagen. Zu viert quetschten wir uns ins Fahrerhaus und alle anderen saßen auf mitgebrachten Klappstühlen im Laderaum. Die deutsche Polizei hätte ihre helle Freude an dieser Fahrt gehabt. Zwölf Personen in einem Auto.

Blida wird von den Einheimischen nur Chaos-City genannt. Es gibt dort tatsächlich etliche Ampeln, aber niemand beachtet sie. Man fährt bei grün und rot, gerade wie Platz auf der Straße ist. Wer zögert hat verloren. Nur der Mutige kann irgendwann links abbiegen. Augen zu und losfahren. Die anderen werden schon anhalten. Auf der Fahrbahn sind zwar Striche, um die Spuren zu kennzeichnen, aber daran hält sich kein Mensch. Eine zweispurige Straße wird von drei bis vier Reihen Autos benutzt. Ähnlich wie in Paris – nur schlimmer.

Die einzige Respektsperson ist der Polizist oder Militärangehörige mit Maschinenpistole, der auf der

Kreuzung steht. Wenn der winkt, solltest du schleunigst fahren, und halten, wenn er dich böse ansieht. Sonst könnte es schlimm für dich ausgehen und du könntest im Gefängnis landen.

Der Fußgänger steht auf der untersten Stufe der Hackordnung. Autos haben immer und überall Vorfahrt. Wenn ein kurzer Rückstau an einer Kreuzung entsteht, sollte der Fußgänger Haken schlagend machen, dass er auf die andere Straßenseite kommt. Sonst steht er noch übermorgen an der Fußgängerampel und wartet auf grün. Auch hier zählt nur eins: Frechheit siegt! Wer den Mut hat, geht einfach los und hofft, dass der Autofahrer ihn sieht und anhält. Seltsamerweise gibt es in Blida nicht mehr Autounfälle als in anderen Städten.

Einmal fuhren wir mit Ali ans Meer. Er wollte Jonas unbedingt das Mittelmeer zeigen. Also packte ich Jonas in eine Matschhose aus Gummi und zog ihm Gummistiefel über die Füßchen. Er hatte einen Heidenspaß am Wasser. Zum Baden wäre es definitiv zu kalt gewesen, aber um Muscheln zu sammeln, mit den Wellen zu kämpfen oder Schiffe zu beobachten war das Wetter geradezu ideal.

Ein anderes Mal besuchten wir Alis Lieblingstante. Sein jüngster Bruder lebte mit seiner Frau bei ihr, bis er die Möglichkeit hatte, ein eigenes Haus zu bauen. Diese Frau war einfach wunderbar. Sie strotzte nur so vor Lebensweisheiten. Und sie hatte auch die Idee, unsere Hochzeit noch traditionell nachzufeiern. Nicht die eigentliche Zeremonie, sondern das ‚Henna'. Dabei gehen Segenswünsche der Familie an das junge Brautpaar über.

Schon am übernächsten Abend war es soweit.

Die Frauen bereiteten mich alle gemeinsam darauf vor. Die Braut musste hübsch gemacht werden.

Hübsch im algerischen Sinn bedeutet vor allem haarlos. Aufgeregt schnatternd pflückten die Damen des Hauses ein paar Zitronen und kochten diese mit etwas Zucker so lange, bis eine eklig klebende Masse entstand. Dann begann das eigentliche Martyrium. Die Frauen amüsierten sich über mein ratloses Gesicht und begannen mit geübten Händen meine gesamte Gesichtsbehaarung außer den Augenbrauen mit der Zitronen-Zucker-Masse zu entfernen. Aua! Das tat höllisch weh. Ich wusste gar nicht, dass ich so behaart war. Auch die feinsten Flaumhärchen fielen der Prozedur zum Opfer. Danach kühlten sie mein Gesicht mit Eiswürfeln und cremten mich ein, bis ich glänzte. So glatt war ich noch nie!

Die Frauen wollten mich am nächsten Wochenende mit in ein Ham-Ham nehmen, um diese Prozedur am ganzen Körper zu vollenden. Oh Gott! Nur das nicht! Ali bewahrte mich davor, indem er Gäste für dieses Wochenende einlud. Puh! Noch mal gut gegangen. Übrigens: ein Ham-Ham ist ein türkisches Bad, mit Sauna und ganz viel Schaum!

Die Frauen schnappten sich meine Hände und begannen die Fingerspitzen mit Henna zu färben. Dazu musste der Hennaschlamm mit Baumwolltüchern um die betreffenden Stellen gewickelt werden und über Nacht einwirken. Nachdem die Fingerspitzen eingewickelt waren, wurde ich Alis Mutter und seiner Tante übergeben. Ali saß neben mir und hielt eine Kerze. In einem schauerlichen Sing-Sang wurde eine Art Beschwörungsformel gesungen, während meine Handflächen noch einen dicken Hennapunkt erhielten. Die Alten breiteten nun ihre Hände über unseren Köpfen aus und wir empfingen ihren Segen.

Danach zeigte eine von Alis Schwägerinnen uns Bilder von ihrer Hochzeitsfeier. Ich wurde richtig neidisch auf sie. Sie musste auf der Feier nur rumsitzen und schön aussehen. Dazu wechselte sie fast stündlich ihr Kleid. Ein Kleid war farbenprächtiger und schöner als das andere. Und alles reine Handarbeit. Viel Brokat und Samt. Einfach herrlich. Sie sah aus wie eine Prinzessin. Ganz zum Schluss war sie in ihrem weißen Kleid abgebildet und erst dann kamen die Männer zum Fest. Also wurden sogar die Hochzeiten getrennt voneinander gefeiert, zumindest bis zur feierlichen Trauungszeremonie.

Das ‚Henna' wurde am Vorabend der Hochzeit zelebriert.

Ich schämte mich auf einmal fürchterlich, dass wir diese liebe Familie so schändlich belogen. Schließlich lebten wir in wilder Ehe zusammen. Pfui! Es war aber dennoch ein wunderschöner, feierlicher Abend für uns alle.

Nur wenige Tage später war es dann so weit. Der große Abschied nahte. Zwar freute ich mich auf zu Hause, aber irgendwie ging ich mit einem lachenden und einem weinenden Auge. Wenn die Sprachbarriere nicht gewesen wäre, hätte ich mir vorstellen können für immer dort zu leben.

Jedoch konnte sich Ali nicht vorstellen jemals wieder auf Dauer in Algerien zu leben. Somit redete er mir diese Idee schnell wieder aus. Er würde mich riesig vermissen, und er wolle weiterhin alles versuchen, um bald wieder nach Deutschland kommen zu können. Danach bekam ich jede Menge Küsse und Liebesschwüre. Als Vorrat sozusagen für die Ali-freie Zeit zuhause.

Als Abschiedsgeschenk überreichte mir die Familie einen selbstgenähten und bestickten Kaftan für mich und einen Burnus für Jonas. Wunderschön, sage ich euch. Ich packte meine Habseligkeiten in die zwei

Koffer und Ali fuhr uns zum Flughafen. Er brachte uns zur Zollkontrolle und verabschiedete sich winkend.

Und dann geschah es!

„Nicht ohne meinen Sohn!"

An der Passkontrolle nahm der Beamte unsere Ausweise mit den dazugehörigen Visa entgegen und winkte uns zur Seite. In seinem gebrochenen Französisch erklärte er mir: „Sie können ausreisen, aber der Junge bleibt hier!"

Ich war wie vom Donner gerührt. Das durfte doch nicht wahr sein!

„Warum? Er ist doch auch mit mir eingereist!", fragte ich den Beamten.

„Der Junge hätte nie einreisen dürfen ohne die Erlaubnis seines Vaters. Er heißt schließlich Jonas Mohammed Haddad. Sein Vater könnte also Algerier sein. Eine deutsche Frau darf ein Kind nur mit der Erlaubnis des Vaters über die Grenze bringen. Wir hatten schon genug Kindesentführungen! Vorwiegend nach Europa. Die Gesetze sind streng, aber gerecht. Der Junge bleibt hier!"

‚Oh mein Gott!', dachte ich. ‚Was soll ich nur tun?'

Die Beamten - mittlerweile scharten sich derer drei um uns – ließen sich auch durch Heulen und Zähneknirschen nicht erweichen. Ich musste zurück in die Abflughalle und zusehen, dass ich die Koffer zurückerhielt. Die kämen automatisch, hieß es, aber erst nach Abflug der Maschine in neunzig Minuten.

Jetzt stand ich da mit meinem kleinen Sohn in einem fremden Land, ohne Geld in Landeswährung und Ali war auf dem Rückweg nach Blida. Als Erstes brauchte ich Kleingeld zum Telefonieren. Ich musste jemanden von Alis Familie erreichen. Irgendjemand musste mich wieder abholen. Wo sollte ich auch sonst hin? Auf einmal erschien mir das Land alles andere als gastlich.

Ich ging zur Wechselstube. Dort waren zwei Schalter. Hinter dem linken saß ein Mann und las. Der rechte war geschlossen. Ich bat den Mann, mir mein deutsches Geld in algerisches Kleingeld zu wechseln. Er meinte, dass ich zum rechten Schalter müsse.

„Der ist doch geschlossen!", stellte ich erbost fest. Ob er mir nicht wenigstens ein paar Cent zum Telefonieren leihen könne?

„Nein, Sie müssen warten, bis der andere Schalter öffnet. Jetzt ist Pause in der Wechselstube für europäisches Geld."

Also wartete ich mehr oder wenig geduldig, einerseits auf die Koffer und dann auf den Kollegen, der zur Pause war. Eine halbe Stunde später begann ich an meinem Verstand zu zweifeln.

Seit dreißig Minuten stand ich nun schon vor der Wechselstube. Da machte sie ihrem Namen alle Ehre. Der nette, zuvorkommende Mann vom linken Schalter stellte dort ein Schild ‚geschlossen' auf und setzte sich an den rechten Schalter, um dort das Schild zu entfernen. Er grinste mich frech an und fragte: „Wie viel möchten Sie wechseln?"

Ich hätte rasend gerne durch die Schalteröffnung gelangt und ihn am Kragen geschnappt, um ihn kräftig gegen die Glasscheibe zu donnern. Aber ich beherrschte mich und wechselte mein Telefongeld.

Verzweifelt versuchte ich Alis Familie zu erreichen. Aber immer war jemand anderes dran. Gott sei Dank nannte ein Einheimischer mir schließlich die Ortskennzahl aus dem Inland. Ich hatte Ali ja immer aus Deutschland angerufen. Das musste die Aufregung sein! Endlich erreichte ich einen Bruder von Ali, der Französisch verstand. Ali sei noch auf dem Rückweg. Aber sobald er wieder auftauchte, würden sie ihn zurück zum Flughafen schicken.

Okay, soweit so gut. Also zurück zum Kofferband. Eine Stunde später hatte ich mein Hab und Gut wieder. Ich schnappte mir mein nörgelndes Söhnchen und postierte mich direkt vor den Haupteingang des Flughafens. Wir hockten uns auf unsere Koffer und warteten und warteten und warteten.

Jonas hatte mittlerweile einen Bärenhunger. Ein völlig Fremder spendierte ihm einen Schokoriegel und ein Kaugummi. So war wenigstens Jonas wieder halbwegs zufrieden.

Als Stunden später Ali endlich auftauchte, war ich völlig fertig und heulte mich erst mal aus. Ali ließ sich alles ganz genau berichten und versuchte dann mich zu beruhigen.

„Heute fahren wir vorerst zurück. Morgen früh fahren wir zur deutschen Botschaft und dann sehen wir weiter."

Irgendwie fasste ich wieder etwas Mut – dank Ali!

Seine Familie war wieder in ‚unser' Haus übergesiedelt, um uns zu helfen. Jetzt war die Stimmung allerdings eine andere. Ich war hochgradig nervös. Und der Botschaftsbesuch konnte mich auch nicht beruhigen.

„Da können wir Ihnen leider gar nicht helfen. In drei Tagen verliert Ihr Ticket seine Gültigkeit. Dann müssen Sie ein Neues kaufen. Das Visum ist drei Monate gültig. In solche Angelegenheiten können wir uns nicht einmischen. Besorgen Sie doch einfach eine Einwilligungserklärung vom Vater Ihres Kindes."

Einfach? Ahmed würde uns bestimmt nicht helfen. Aber wer dann? Ich hatte eine gute Freundin im Saarland. Die rief ich an. Ich schickte sie zu meinem Vater. Er solle sich bitte mit meinem Exmann in

Verbindung setzen. Vielleicht half er ja doch. Aber da hatte ich mich geschnitten.

„Du wolltest mich nicht mehr. Jetzt schau zu, wie du klar kommst. Soll doch dein neuer Freund dir helfen!"

Na – das war zu erwarten gewesen!

Mir kam eine Idee. Diesmal telefonierte ich direkt mit meinem Vater. Ich bat ihn, mir meine Heiratsurkunde, mein Scheidungsurteil und die Sorgerechtsbestimmung zu kopieren, alles auf Französisch übersetzen zu lassen und mir das Ganze zu faxen. Um ein Faxgerät würde ich mich kümmern. Und mein Vater half. Bis er alles erledigt hatte, hatte ich eine Faxnummer in Algerien ausfindig gemacht. Der gute Mann, in dessen Haus wir lebten, war Architekt und hatte in Blida ein Büro – mit Faxgerät! Dorthin ließ ich mir alles faxen.

Ali mobilisierte all seine Freunde. Auf legalem Weg sei da nichts zu machen. Ob die Beamten diese Übersetzung so akzeptieren würden, stand in den Sternen. Also musste ein alternativer Plan her. Es blieben auch nur noch anderthalb Tage. Wir kratzten alles Geld zusammen, das die Familie auftreiben konnte. Damit konnten wir ein paar düstere Gesellen bestechen, die uns mit dem Polizeipräsidenten zusammenbrachten.

Ali ging mit mir und jeder Menge Bauchschmerzen dorthin. Er hatte ja einschlägige Erfahrungen mit den Behörden gemacht und wollte sich eigentlich bedeckt halten. Aber der Mann war wirklich nett. Ein Verwandter von ihm sei der Chef der Sicherheitspolizei am Flughafen. Dieser wurde eingeweiht und nahm mich mit Jonas am nächsten Tag am Flughafen in Empfang. Er blieb an meiner Seite, bis wir im Flugzeug saßen.

Auch ein Bekannter von Ali flog mit. Er müsse sowieso zurück ins Saarland und würde mich begleiten, damit diesmal nur ja nicht wieder etwas schief ging. Und dann klappte doch tatsächlich alles wie am Schnürchen.

Ich war so froh, wieder deutschen Boden unter den Füßen zu haben, dass ich beinahe in Frankfurt den Flugsteig geküsst hätte. Ich konnte mich gerade noch bremsen.

In Saarbrücken erwartete mich meine Freundin und erst dann fühlte ich mich wieder richtig sicher.

Wieder zu Hause

Nach nur drei Monaten gelang es uns, dass Ali wieder mit einem Besuchervisum nach Deutschland einreisen durfte. Das Visum war drei Monate gültig und nur für die Hochzeitsvorbereitung ausgestellt. Es gab eine Möglichkeit, dass die algerischen Behörden die Scheidung akzeptieren würden. Alis Ex-Frau müsse die Scheidung selbst beantragen. Also schickte ich Andrea zu dieser ominösen Frau. Diese war bereit, alles zu unterschreiben, was wir wollten. Soweit so gut. Wir setzten ein Schreiben auf, legten die Übersetzung des Scheidungsurteils dazu und schickten beides nach Algerien.

Dort akzeptierten die Behörden diese Unterlagen leider doch nicht. Die Ex-Frau solle doch bitte selbst nach Algerien kommen und dort die Scheidung einreichen. - Das würde sie niemals tun. Es war einfach zu gefährlich.

Wie gefährlich, wusste ich Gott sei Dank nicht, als ich selbst dort unten war. Blida liegt am Fuß eines Berges. Oben in den Bergen – fünfzehn Minuten von Blida entfernt – wurde in der Zeit, als ich da weilte, ein ganzes Bergdorf mit fünfundzwanzig Einwohnern niedergemetzelt. Keiner überlebte. Es war in allen Nachrichten. Gut dass ich kein Algerisch verstand.

Was sollten wir jetzt also tun? Keine Scheidung, keine Heirat, keine Aufenthaltserlaubnis. Ali wollte mich keinesfalls wieder alleine lassen, deshalb tauchte er offiziell unter. Er meldete sich in Frankreich bei einem Freund an. Dort bekam er nochmal ein Visum für drei Monate, um seine Angelegenheiten zu klären.

Inoffiziell wohnte er seit seiner Rückkehr bei Jonas und mir in unserer Zwei-Zimmer-Wohnung. Es war ganz schön eng. Aber was tut man nicht alles aus Liebe! Ich stellte die gesamte Einrichtung um. Statt einer Couch standen jetzt nur noch ein Doppelbett und ein Sessel im Zimmer. Es musste ja auch noch die Essecke rein. Dazu ein Computer, einige Regale für Bücher, Stereoanlage und der Fernseher. Alis Wäsche musste ich auch noch irgendwo unterbringen. Und die Werkzeuge, die er nicht in seinem jeweiligen Auto unterbringen konnte. Es war wirklich ,wildromantisch'.

Dann wurde Ali krank. Eine richtig hartnäckige Grippe erwischte ihn. Ich versorgte ihn mit Medikamenten und fütterte ihn so gut es ging wieder gesund. Aber diese drei Monate, in denen es ihm richtig schlecht ging, konnte er nicht arbeiten. Er war immer zu Hause. Einerseits war das ganz praktisch ...

Vor ein paar Wochen hatte ich wieder einen Job angenommen. Das ging nur mit seiner Hilfe. Ich arbeitete im Frühstücksservice eines großen Hotels, täglich von 6:00 bis 10:00 Uhr. Ali brachte Jonas zwischen 8:00 und 9:00 Uhr in den Kindergarten und ging danach wieder nach Hause. Da er ja krankheitsbedingt nicht rauskonnte, lud er sich kurzerhand seine Freunde zu uns nach Hause ein. Ich kam so um 11:00 Uhr zurück und fand ihn in langer Feinrippunterwäsche mit seinen Kumpels in meinem Wohnzimmer vor.

Ich huschte in die Küche, um das Mittagessen zuzubereiten, und um 14:00 Uhr holte ich Jonas im Kindergarten wieder ab. Mit meinen Freundinnen musste ich mich auf diversen Spielplätzen verabreden, da bei mir zu Hause kein Platz mehr war. Irgendwie fand ich die Situation gar nicht mehr so toll. Ali hörte auch auf, sich zu pflegen und zu rasieren. Trotzdem wollte er weiter genauso begehrt werden wie vorher. Damit hatte ich aber – verständlicher Weise – meine Probleme! Da stellte mich mein liebender Lebensgefährte vor die Wahl. Entweder bekam er täglich seine Portion Sex, oder er würde mich verlassen.

Oh ha! Was passiert wohl, wenn man Charlotte die Pistole auf die Brust setzt? Sie wird ganz schön zickig. Jetzt hatte ich auf Sex noch weniger Lust als vorher.

Ali fing auch an sich zu beschweren, dass ich immer von meiner Wohnung, meinem Fernseher, meinem Bett und so weiter sprach. Was wollte er denn? Nur weil er in dieser Wohnung lebte, war auf einmal alles *unsers*? Ich bezahlte die Miete! Ich hatte die Möbel gekauft! Ich hatte die Elektrogeräte gekauft! Es ging mir nicht in den Kopf, dass auf einmal alles uns zusammen gehörte. Schließlich waren wir nicht verheiratet.

Gott sei Dank ging es Ali irgendwann wieder besser. Er rasierte sich wieder, zog wieder ordentliche Sachen an (natürlich über die Feinrippunterwäsche) und er duschte und parfümierte sich wieder. Also ganz wieder das leckere Kerlchen vom Anfang unserer Beziehung. Folglich bekam er auch wieder das, was er so schmerzlich vermisst hatte. Sex! Aber leider kam ich nicht mehr so ganz auf meine Kosten. Auf einmal fehlte es mir ihn zu berühren und heiß zu machen. Er war irgendwie chronisch heiß. Ich wollte verführen und verführt werden. Zwar hatten wir häufig Sex, aber nur noch Quickys. Na ja, was beschwerte ich mich. Lieber das als gar kein Liebesleben.

Bald wurde mir bewusst, dass sich durch unsere schwierige Situation immer mehr Unzufriedenheit bei uns aufbaute. Ständig hatte ich Angst, wenn Ali mit dem Auto unterwegs war. Mittlerweile hatte er nämlich auch in Frankreich keine Aufenthaltserlaubnis mehr. Er lebte nun schwarz in Deutschland. Ich hatte Angst vor jeder Polizeikontrolle, in die er kommen konnte. Vor allem, wenn er mit Jonas alleine unterwegs war. Sie hätten Ali doch sofort verhaftet. Dann wäre er fort und hätte nie wieder die Chance, hier einreisen zu dürfen.

Auch Ali war ständig gereizt. Er überhäufte mich mit Vorwürfen. Ich würde mich nicht genug für ihn einsetzen. Das fand ich sehr ungerecht. Unzählige Male war ich schon bei der Ausländerbehörde und auf dem Standesamt gewesen. Was sollte es bringen, dort ohne neue Papiere ständig wieder aufzukreuzen? Ich hatte meine gesamten Ersparnisse in die Papiere und in die Reise nach Algerien gesteckt. Außerdem konnte mir Ali kein regelmäßiges Geld für seinen Unterhalt geben. Nur wenn er Aufträge für eine Autoreparatur erhielt, konnte er ausnahmsweise die Einkäufe bezahlen.

Und falls ihr euch wundert, welche Ersparnisse das wohl sein konnten, nachdem ich doch schon aus meiner Ehe total blank hervorgegangen war, hier die Erklärung: Ich war schon immer ein äußerst sparsamer Mensch. Nach der Trennung von meinem Ehemann hatte ich mein einziges Kapital zu Geld gemacht, was ich noch besaß. Mein Auto. Ich konnte mir als Sozialhilfeempfängerin den Unterhalt dafür nicht mehr leisten. Der Käufer gab mir noch dreitausend Mark für die Karre. Danach wirtschaftete ich mit der Sozialhilfe so gut, dass ich das Erziehungsgeld auf die Bank bringen konnte, zwei Jahre lang sechshundert Mark monatlich. Da kam Einiges zusammen.

Für eventuelle Notfälle habe ich halt immer gerne eine stille Reserve.

Bevor ich Ali kennenlernte, war ich mit Jonas für zehn Tage nach Ibiza geflogen. Nach dem ganzen Ehe-Stress hatte ich mir das redlich verdient. Den Rest steckte ich fast komplett in die Beziehung mit Ali. Also was sollte seine Behauptung, ich hätte mich nicht genug eingesetzt für unsere Liebe? Welche Liebe überhaupt? Irgendwie war die Liebe bei mir in letzter Zeit abhanden gekommen. Das lag vielleicht daran, dass ich auf einmal wieder gut alleine zurecht kam.

Den Job in dem Hotel konnte ich aus gesundheitlichen Gründen nicht weitermachen. Der Arzt empfahl mir eine Umschulung. Eine Umschulung mit fast vierzig Jahren? Das musste auch anders gehen. Ich wusste, was ich wollte. Ich wollte weiter Kundenkontakt haben. Wenn nicht persönlich im Hotel, dann doch telefonisch. Also schickte ich fünfzehn Bewerbungen an alle möglichen Call-Center in der Umgebung. Dreizehn Absagen und zwei Vorstellungsgespräche kamen dabei heraus.

Und dann bekam ich tatsächlich einen Teilzeitjob in einem Servicecenter einer Autofinanzierungsbank. Nach sechs Wochen Einarbeitung wechselte ich noch die Abteilung und fand dort meinen Traumjob. Auf einmal war ich nicht mehr nur die Mama von Jonas oder die Freundin von Ali, sondern ich war Charlotte und nur Charlotte! Das gab mir ein Gefühl der Freiheit zurück.

Ali bekam das als Erster zu spüren. Ich bat ihn um eine Trennung auf Zeit. Er quartierte sich bei einem

Freund ein und wartete, dass ich wieder ‚normal'
wurde. Das Ganze hatte nur einen Haken. So normal
wie im Moment war ich schon lange nicht mehr
gewesen. Langsam hatte ich es satt, immer nur für
andere da zu sein. Ich wollte endlich wieder für mich
da sein.

Als Freundin von Ali hatte ich mich sehr an ihn
und seine Vorstellungen einer Idealfrau angepasst.
Jetzt mutierte ich wieder zu Charlotte. Irgendwie
hatte ich einen wichtigen Teil von mir verloren, den
ich jetzt langsam für mich zurückeroberte. Dabei
blieb leider die Beziehung zu Ali auf der Strecke.
Aus der Trennung auf Zeit wurde eine endgültige
Trennung. Gerne hätte ich Ali als Freund behalten,
aber das ging nicht. Er liebte mich trotz aller Widrig-
keiten immer noch. Und er liebte Jonas abgöttisch.

Konsequenterweise wollte er uns beide darum
nicht mehr sehen. Bis heute bin ich ihm nie mehr
begegnet. Er ist immer noch in Deutschland, mittlerweile verheiratet. Wie er das geschafft hat, ist mir
schleierhaft. Außerdem hat er einen festen, offiziel-
len Job und scheint glücklich und zufrieden zu sein.

Die Neuigkeiten erreichen mich immer über Andrea, die auch heute noch Kontakt zu ihm hat. Schade
eigentlich, dass das mit den Papieren und dem Job
nicht in den zwei Jahren unserer Beziehung geklappt
hat. Dann wären wir sicherlich auch heute noch
verheiratet. Aber C'est la vie, wie man so schön sagt.

Der Charlotte-Topf wird auch noch seinen passenden Deckel finden.

Erst mal wieder alleine

Anfangs genoss ich den Zustand meiner neuen Freiheit sehr. Endlich war wieder jede Menge Platz in meiner Wohnung. Doch das Gefühl der Enge ließ sich nicht mehr gänzlich vertreiben. Eine größere Wohnung musste her. Und manchmal hatte die Charlotte ja ein enormes Glück! Im selben Haus, in dem ich in meiner Zweizimmerwohnung mit drei Personen gehaust hatte, wurde im Erdgeschoss eine schöne, große Dreizimmerwohnung frei. Die Vormieter hatten drei Monate zuvor renoviert und so konnte ich die Behausung direkt übernehmen. Den Umzug machte ich auch fast ganz alleine. Immer wenn mein Söhnchen schlief, räumte ich Schränke leer und fuhr die Schränke anschließend mit der Sackkarre im Aufzug nach unten. Dort konnte ich alles direkt wieder einräumen. So waren am eigentlichen Umzugstag nur noch ein paar sperrige Teile zum Transport übrig.

Die ersten Tage in meinem neuen Domizil lief ich in allen Zimmern hin und her und genoss die endlose Weite. Vielleicht könnt ihr euch vorstellen, wie groß der Unterschied war. In der alten Wohnung musste ich bei jedem Schritt aufpassen, dass ich nicht auf irgendetwas trat. Computerteile (Ali war ein begeisterter Bastler), Motorteile, Werkzeug, Kinderspielzeug, Wäschestücke, die von beiden Männern (dem Kleinen und dem Großen) einfach in die Ecke gepfeffert wurden. Überall lag etwas herum. Und wenn nichts herumlag, dann nur, weil dort ein Möbelstück stand, an dem ich mir regelmäßig blaue Flecken holte. Gegensätzlicher konnte es in der neuen Behausung nicht sein.

Ein Wohnzimmer – nur zum Wohnen! Ein Kinderzimmer – nur zum Spielen! Ein Schlafzimmer – nur zum Schlafen! Eine Küche, in der man den Esszimmertisch integrieren konnte. Eine geräumige Abstellkammer, ein Bad, in dem man die Waschmaschine problemlos unterbringen konnte, und ein superlanger Flur. Ach wie war es herrlich!

Im Laufe der Zeit bekam jedes Zimmer eine persönliche Note, weil ich alle nach und nach renovierte. Doch darüber später mehr.

Damals entdeckte ich das Lesen wieder für mich. Stundenlang konnte ich mich in die Bücher vergraben und von fernen Ländern und anderen Zeiten träumen. Auch begann ich wieder zu Musizieren, aber nur halbherzig, da ich natürlich abends mein Söhnchen nicht wecken wollte. Jonas war inzwischen fünf Jahre alt, deshalb konnte ich mich ab und zu auch mit meinen Freundinnen zum Essengehen treffen. Die Kids schlugen sich mit Spaghetti den Bauch voll und wir genossen die wiedergewonnene Freiheit. Auch auf die Stadt- und Dorffeste schleppten wir unsere Kleinen mit.

Es ist für mich so immens wichtig unter Menschen zu kommen.

Ich hatte zwar meine Arbeit, aber nach einer Pause von einem Jahr wollte ich auch wieder jemand Neuen kennenlernen. Ich war wohl nicht für das Alleinsein geschaffen. Auf meiner Arbeit waren fast nur Frauen beschäftigt und die paar Männer waren Studenten oder Familienväter. Also nichts für eine Frau Anfang vierzig.

Auf den diversen Festchen oder in Restaurants hatte ich aber auch keine Chance einen Mann kennenzulernen. Immer hatte man eins oder mehrere mit Essen oder Sonstigem verschmierte Kinder am Rockzipfel hängen und musste ein Auge auf sie halten, da sie sonst in der Menge verschwanden. Das zweite Auge irrte suchend umher und versuchte zu flirten, was das Zeug hielt.

Die Versuche verliefen meistens erfolglos. Zunächst musste ich ein geeignetes Objekt der Begierde finden und dann den Augenkontakt halten trotz quengelnder Kinder, die ständig „Mama, Mama, ich muss mal ...! Schnell ...! Dringend!" riefen. Das Lächeln des anvisierten Exemplars wurde nur allzu bald mitleidig. Eine bessere Idee musste her.

Der Chaot

Ich versuchte es mal wieder mit einer Zeitungsannonce. Erst kamen nur nichtssagende Briefe und ich wollte schon aufgeben. Dann – fast eine Woche später – kam ein Brief, auf den ich einfach antworten musste. Der war so außergewöhnlich, den darf ich euch nicht vorenthalten. Hier eine wörtliche Abschrift (natürlich habe ich ihn aufgehoben).

Hallo liebe Unbekannte!

Nun haben wir wieder mal Sommer. Die Natur erblüht und die Menschen scheinen in heiterer Aufbruchstimmung diese schönste aller Jahreszeiten zu genießen. Nur ich hänge alleine zu Hause rum und weiß nichts Rechtes mit meinen freien Tagen anzufangen. Vergangenes Wochenende blätterte ich flüchtig in der Zeitung und stieß zufällig auf die Rubrik Partnerschaftsanzeigen, indes mir der Groschen fiel. Ja ich versuche nun einfach auf diesem Wege meiner Einsamkeit zu entfliehen. Zwei Jahre bin ich nun schon Single und es geht mir allmählich auf die Nerven. Wer um Gottes Willen spült in Zukunft mein dreckiges Geschirr und wäscht meine Socken?! Soll mir diese herabwürdigende Tätigkeit etwa bis zu meinem Lebensende selbst auferlegt sein?! Nicht mit mir! Lauf ich eben dreckig, stinkig wie ein verschimmelter Münster Käse durch die Gegend und mache Dich dafür verantwortlich, weil Du Dich nicht bei mir gemeldet hast. Dass Du mich nicht angerufen hast, wird sich als ein Fehler erweisen, den Du Dein Leben lang <u>nicht</u> bereuen wirst! Sieh doch ein, ich will nur Dein Bestes!, vorausgesetzt, Du hast genügend davon, auf der Hohen Kante versteht sich natürlich. Ansonsten wäre es nämlich kritisch. Dann müsste ich Dich, nachdem ich mich bei Dir häuslich eingenistet habe, biersaufend, furzend in meiner Feinripp-

Unterwäsche auf Deinem Sofa liegend, wenn möglich in zwei Schichten zur Arbeit schicken, während ich von morgens bis zum frühen Morgengrauen vor der Glotze hänge und mir all den Scheiß reinziehe, der heutzutage so ausgestrahlt wird. Die meisten dieser Sendungen, die ich mir täglich angucke, sind schon so was von dämlich, dass ich verwundert darüber nachgrübele, wer wohl so hirnlos sein kann, sich diesen Mist anzusehen. Wenn diese Programmverantwortlichen denken, unsereins sei auf den Kopf gefallen, liegen sie bei mir aber richtig!! Aber wen interessiert's?

Ich hab Dich eh belogen! Glaube mir, das was Du gerade über mich gelesen hast, war nur eine einzige Flunkerei. Ich schicke Dich nicht arbeiten, niste mich nicht bei Dir ein und hänge auch nicht den ganzen Tag biersaufend vor der Glotze. Das glaubst Du mir doch, oder?

Mir, einundvierzig Jahre alt, geht es genau wie Dir. Reden, lachen und weinen möchte ich mit Dir, indes ich mit meinem Brief an Dich den Herzenswunsch herbei fiebernd verknüpfe, in Dir die Frau meines Lebens zu finden. So gerne hätte ich Dir ein Bild von mir geschickt, doch die einzigen Fotos, die ich von mir fand, sind schon ziemlich alt und zeigen mich als Baby mit verschissenen Windeln auf dem Wickeltisch liegend. Was mache ich jetzt bloß? Verzweifelt bin ich! Ob Dir das von mir entworfene Portrait meines Antlitzes wohl imponiert? Auch wenn man es diesem Bild nicht ansieht, so steckt doch eine Menge Arbeit dahinter. Dieser sehnsüchtige Blick, welches dieses mir eigene, wegen vieler Schicksalsschlägen gezeichnete Gesicht ausstrahlt, trifft genau die mir inncwohnende, warmherzige Sinnlichkeit, so dass ich in Erkenntnis meines eigenen Ichs zutiefst betroffen bin. Sicher bist auch du beeindruckt. Lass Deiner Anrührung über meine Dämlichkeit ruhigen Gewissens freien Lauf und wähle meine Nummer. Du wirst sehen, irgendwann trifft es jeden.

Darunter dann eine Zeichnung seines Konterfeis. Mein Sohn konnte mit zwei Jahren besser zeichnen. Trotzdem machte mich das Geschreibsel äußerst neugierig. Einen Mann, der solche Briefe auf eine simple Annonce zurückschreibt, muss man einfach kennenlernen.

Daher setzte ich mich am nächsten Sonntagabend ans Telefon und rief ihn an. Er war sehr überrascht – aber angenehm – dass ich mich bei ihm meldete. Er habe aber Besuch und müsse erst seine bucklige Verwandtschaft loswerden. Dann wollte er mich umgehend zurückrufen.

Na – das war's wohl – dachte ich mir ... aber dann rief er tatsächlich nur zwanzig Minuten später zurück. Wir unterhielten uns zwei bis drei Stunden sehr angeregt. Er hieß Andreas und war nur zwei Jahre älter als ich. Wir hatten also jede Menge Gesprächsstoff. Unser Musikgeschmack war sehr ähnlich. Er hatte früher in dem Stadtteil gewohnt, in dem ich jetzt wohne. Somit ging er auf die gleiche Grundschule wie heute mein Söhnchen.

Vor allem faszinierte mich seine Stimme am Telefon. Ich erzählte ihm, dass mich dunkle, maskuline Stimmen ganz wuschig machen. Daraufhin senkte er seine Stimme noch um ein paar Nuancen. Wir lachten uns schief. Es war ein sehr angenehmer Abend.

Ähnliche Telefongespräche führten wir noch mehrmals, bis wir uns endlich zu einem Treffen verabredeten.

Und dann der erste Eindruck: Oh, wie furchtbar! Natürlich war er blond und blauäugig und selbstverständlich hatte er kleine Löckchen und davon jede Menge. Aber es ging ja noch weiter. Er führte mich in eine Pizzeria aus. Wir saßen draußen auf der Terrasse. Irgendwie schaffte er es, dauernd das Falsche zu sagen und zu tun. Seine Art zu Essen, seine Art mit dem armen Kellner umzugehen und letztendlich seine Art mit mir umzugehen. Seine Kleidung war auch nicht gerade das, was man als weltmännisch bezeichnen würde. Und seine Hände: ich mag lange, schmale Hände mit langen Fingern und breiten gepflegten Fingernägeln. Irgendwie stellte ich mir immer vor, wie sich diese Hände auf meiner Haut anfühlen. Und jetzt das! Kleine Hände, kurze Finger, abgekaute Fingernägel! Brr! Ich wollte nur, dass dieser Abend schnellstmöglich enden sollte. Das konnte unmöglich der nette, sympathische Mann vom Telefon sein, in dessen Stimme ich mich schon fast verliebt hatte! Oder doch?

Am nächsten Abend rief ich ihn an, um ihm mitzuteilen, dass es bei mir nicht gefunkt hätte. Er meinte lakonisch: „Bei mir auch nicht. Aber vielleicht können wir ja Freunde bleiben."

Ein seltsamer Vorschlag, doch ich wollte die Telefonate nicht missen und sagte zu.

Wir hatten ein gemeinsames Laster: ‚Columbo' anschauen. Eines Abends erzählte er mir, dass sein Fernsehgerät den Geist aufgegeben hätte. Er war so traurig, dass er nun den neuesten ‚Columbo' verpassen würde. Da lud ich ihn kurzerhand zu mir zum Fernsehabend ein. Er brachte als Gegenleistung für jeden ein großes Eis mit.

Immer öfter trafen wir uns auch ohne Columbo.

Wenn er mit mir alleine war, fühlte ich mich in seiner Gegenwart gar nicht mehr so unbehaglich. Aber wehe, wir gingen mit Freunden aus. Auf einem Stadtfest lief er den ganzen Abend wie ‚Quasimodo' herum und ließ sich lautstark über die überhöhten Preise an den Ständen aus. Mein Gott – wie peinlich!

Nach solchen Abenden schwor ich mir immer wieder, ihn nie mehr irgendwohin mitzunehmen. Dann aber jedes Mal die Metamorphose, wenn er bei mir zu Besuch war. Ich war hin- und hergerissen.

An einem anderen Abend heulte er sich bei mir am Telefon aus. Sein Leben sei so beschissen, er würde es am liebsten gleich jetzt und hier beenden.

Spätestens da hätte ich schnellstens das Weite suchen müssen. Schließlich hatte ich schon einmal einen selbstmordgefährdeten Partner an meiner Seite. Ich putzte ihn so was von runter am Telefon, dass ich wusste, das war's.

Aber was machte die dumme, naive Charlotte ein paar Tage später? Sie rief Andreas an, um zu hören, wie es ihm ging. Und der freute sich, dass es anscheinend jemanden gab, dem er nicht total egal war.

Von da an strengte er sich mächtig an mir zu gefallen. Als ultimativen Test nahm ich ihn zum Sommerfest unserer Firma mit. Wenn er mich noch einmal blamieren würde, wäre es das gewesen! Zu meiner Überraschung wurde es ein wunderschöner Tag. Er unterhielt sich gleichermaßen gut mit meinem Söhnchen, meinen Arbeitskollegen und mit mir. Ich war erstaunt – und verliebte ich mich endgültig in Andreas.

Jetzt blieb nur noch das Problem ‚wie sag ich es ihm?' Kurzerhand schrieb ich ihm eine SMS, um mich noch mal für den schönen Tag zu bedanken. Ich würde mich schon sehr auf unser nächstes Treffen freuen. Hach schmacht! Diese Anspielung verstand er prompt und beim nächsten Treffen hielten wir uns erst schüchtern die Händchen, um dann wie wild rumzuknutschen. Endlich mal wieder!

Charlotte auf Wolke sieben!

Es folgten ein paar Abende mit wildem Rumgeknutsche, dann sollte es eigentlich mal zur Sache gehen. Aber Andreas war wohl zu aufgeregt und es klappte nicht so recht. Da war es an mir zu trösten, einmal kann das jedem passieren. Das macht doch nichts, da müssen wir halt fleißig üben!"

Nur half die ganze Überei nichts. Andreas hatte immer andere Ausreden. Seine Mutter sei krank. (Sie war schon sehr alt. Da ist man halt nicht mehr so fit.) Stress auf der Arbeit. (Er hatte schon mehrere Jahre keinen Urlaub mehr gemacht.) Dann erkrankte seine Schwester an Krebs. (Mit ihr hatte er vor der Erkrankung viele Jahre keinen Kontakt mehr. Durfte das dann so wirken?)

Dazu machte ich mir so meine Gedanken.

‚Bin ich vielleicht nicht attraktiv genug?'

‚Hat er vielleicht nebenher eine andere Freundin und verausgabt sich dort?'

‚Ist er womöglich schwul?'

Außerdem gab es Schimmel in seiner Mietwohnung und er wurde ständig krank. Und was machte das liebe, aber naiv-doofe Charlottchen? Es lud ihn ein, bei ihr zu wohnen. Andreas nahm den Vorschlag dankend an. Ab dieser Zeit wohnte er fünf Tage die Woche bei mir und Jonas und an zwei Abenden quälte er sich in seiner Schimmel-Wohnung, um dort seine Wäsche zu waschen.

Das alles mag der männlichen Potenz nicht unbedingt hilfreich gewesen sein. Inzwischen hatte ich fast nur noch dieses Problem im Kopf. All meine Gedanken kreisten ständig nur um Sex. Also schickte ich Andreas zum Urologen, um die rein technische Möglichkeit sicherzustellen. Der fand auch erwartungsgemäß nichts Organisches.

Danach schickte ich ihn zu einem Therapeuten. Andreas konnte sich ihm allerdings nicht öffnen und so nutzte auch das nicht viel. Ich bestellte ihm einen ‚Potenztrainer'. Der nutzte zwar nichts, aber er gab zu großem Gelächter Anlass. Das Ganze sah aus wie eine große Plastikröhre mit einem Gummibällchen zum Pumpen. Andreas sollte seinen Penis in diese Röhre reinschaffen und dann mussten wir munter pumpen, um ein Vakuum zu erzeugen. Ach, was war ihm das alles peinlich und unangenehm. So ein Pech für ihn! Da musste er nun durch. Ich litt schließlich auch, und nicht wenig. Aus lauter Frust begann ich wieder zu Futtern.

Warum ich überhaupt bei Andreas blieb? Na, es gibt ja nicht bloß Nächte. Die Abende und die Wochenenden waren schön. Er unternahm viel mit Jonas und mir. Wir liebten beide Flohmärkte und konnten dort stundenlang rumstöbern. Ich besorgte uns wieder einen Plattenspieler und wir kauften uns all die alten Schallplatten auf den diversen Flohmärkten, die wir seit unserer Jugend nicht mehr gehört hatten. ‚Manfred Mann's Earth Band', ‚Supertramp', ‚Yes', ‚Genesis' und viele mehr. Das war super!

Auch waren wir zusammen für eine Woche auf Ibiza und einmal für eine Woche in Belgien an der Nordsee im Urlaub. Ich bin ein absoluter Fan für alles, was aus dem alten Ägypten kommt. Also nahm uns Andreas mit nach Basel zu einer Tut-anch-amun-Ausstellung. Zu Jonas' achtem Geburtstag waren wir gemeinsam im ‚Holiday-Park' in Hassloch. Andreas war uns ein richtig guter Kumpel und Freund. Nur hätte ich halt gerne auch einen feurigen Liebhaber gehabt!

150

Wir hatten auch ähnliche Träume und Wünsche an die Zukunft. Zumindest zeitweise. Anfangs sagte er mir, er wolle unbedingt ein Kind von mir. Zuerst war ich total geschockt. Schließlich war ich schon vierzig Jahre alt. Als ich mich ein paar Monate später endlich an den Gedanken gewöhnt hatte, wollte er davon nichts mehr wissen. Ich musste mir den Kinderwunsch endgültig abschminken. Dabei hätte ich doch noch gerne ein Brüderchen oder Schwesterchen für Jonas gehabt.

Dann träumten wir uns unsere gemeinsame Wohnung zusammen. Vier Zimmer, Küche, Bad, damit Andreas ein eigenes Zimmer für sich haben konnte. In Gedanken suchten wir schon die Möbel aus und richteten die einzelnen Zimmer ein. Ich konnte mir alles ganz genau vorstellen. Wir hätten uns viel vom Flohmarkt geholt, vor allem für die Küche.

Nachdem wir ein halbes Jahre zusammen waren, wollte Andreas endlich aus seiner Schimmelbehausung ausziehen. Aber nicht etwa zu mir! Nein, in eine kleine Zweizimmer-Wohnung in der Stadtmitte. Als ich mal nachhakte, wie das wohl mit unseren gemeinsamen Plänen zusammenpasste, sagte er nur: „Ich brauche noch Zeit. Gib uns noch ein Jahr!"

Na ja, dachte ich mir, vielleicht ist es auch besser so, dann kann er erst mal sein - bzw. unser - Problem lösen. Also half ich ihm fleißig beim Umzug. Die Wohnung hatte drei Meter hohe Wände und Andreas war nicht schwindelfrei. Ich half ihm beim Tapezieren und schloss alle Deckenlampen an. Selbst ist die Frau. Er konnte viele seiner Möbel nicht mehr mitnehmen, da diese schimmelverseucht waren. Die Couch und seine Essecke, weil diese auch aus dicken Postern bestand. Ich schenkte ihm meine alte Couch, einen passenden Teppich, einen Couchtisch und jede

Menge Bilder und Vorhänge. Meine Freundin verkaufte ihm billig einen Esstisch mit vier Stühlen und auch meine Eltern schleppten noch Möbelstücke an.

Zwischen Weihnachten und Neujahr war der gesamte Umzug erledigt. Dann kam der Spruch des Jahrhunderts: „Endlich geschafft! Nun werde ich die nächsten fünf Jahre nicht mehr umziehen!"

Toll! So werden aus einem Jahr mal locker Fünfe. Und er hatte vor, weiter fünf Tage bei mir zu wohnen und seine Wohnung nur an zwei Tagen zu nutzen. Ich wurde richtig sauer. Kein Familienleben in Sicht. Kein Ersatzvater für mein Kind. Keine freien Abende für mich, an denen ich mal hätte was alleine unternehmen können. Und immer noch keinen Sex. Deshalb sagte ich ihm:

„Du hast jetzt eine schöne, schimmelfreie Wohnung, dann nutze sie auch. Ich ertrage es nicht mehr, jede Nacht neben einem Mann zu schlafen, der mich nicht begehrt oder es mir nicht zeigen kann! Auch sonst finde ich unsere Beziehung sehr einseitig. Lass uns das Ganze jetzt und hier beenden. Wenn du magst, können wir Freunde bleiben und uns ab und zu sehen."

Andreas blieb nichts anderes übrig, als das zu akzeptieren. Von da an sahen wir uns nur noch an den Wochenenden. Eines schonen Sonntagnachmittags meinte er dann, er müsse mir etwas beichten kam's. Vor ungefähr zehn Jahren war er einige Zeit selbstständig. Das ging eine ganze Weile gut und ernährte seinen Mann. Bis er einem Betrüger ins Messer lief. Dieser bestellte jede Menge Waren und ließ ihn mit den Unkosten für diese und für seine Monteure sitzen. Auf einmal musste er Insolvenz anmelden und blieb auf einem Schuldenberg im fünfstelligen Bereich sitzen. Was also tun?

Nach einer gewissen Zeit bekam er eine Job bei seinem jetzigen Arbeitgeber, der ihm offiziell nur ein pfändungsfreies Gehalt zahlte. Andreas bekam den Rest cash. Aber sein Chef hatte ihn damit in der Hand. Deshalb machte er auch seit fünf Jahren nur ein bis zwei Wochen im Jahr Urlaub.

Zur Beerdigung seiner Mutter bekam er auch nur einen halben Tag frei. Seine Arbeitszeiten von täglich elf bis zwölf Stunden musste er klaglos hinnehmen.

Langsam verstand ich Einiges. Deshalb seine Impotenz! Mit einem solchen Damokles-Schwert über seinem Kopf ging natürlich gar nichts mehr. Dies sei auch der Grund, warum er nicht mit mir zusammen wohnen könne. Seine Gläubiger würden versuchen sich an mir schadlos zu halten. Alles so weit verständlich. Trotzdem fühlte ich mich total mies.

Ich war zwei ein halb Jahre nach Strich und Faden belogen worden.

Lamentieren hätte keinem von uns weitergeholfen, darum schickte ich ihn zur Schuldnerberatung und versuchte ihn wieder aufzubauen. Typisch Charlotte eben! Endlich konnte man mit Andreas wieder normale Unterhaltungen führen. Vorher hatte er entweder depressiv in der Ecke gehockt oder betont fröhlich alles und jeden durch den Kakao gezogen. Mann, war das manchmal nervig. Egal was ich sagte, er machte seine Witzchen darüber. Bei meinen Freunden (eigene Freunde hatte er nämlich nicht) blamierte er mich damit immer bis auf die Knochen. Ich hatte ständig das Gefühl, mich für ihn entschuldigen zu müssen. Nach seiner großen Beichte schien jedenfalls alles wieder normal zu sein.

Aber was läuft bei Charlotte schon normal?

Andreas, Jonas und ich hatten mal wieder ein angenehmes Wochenende erlebt mit Flohmarkt und gemeinsamem Essen. Danach hatten wir uns sehr angeregt unterhalten – auch das ging ab und zu – als am Montag spät nachmittags mein Telefon klingelte. Ein total deprimierter Andreas war dran.

„Hallo Charlotte, mir geht es gar nicht gut. Mir ist da ein kleines Missgeschick passiert."

„Ein Missgeschick? Erzähl doch mal!"

„Gestern Abend wurde es bei mir sehr spät. Ich konnte gar nicht einschlafen. Dann habe ich im Bett ferngesehen. Und dann ist es passiert."

„Was ist denn passiert?"

„Ich bin im Bett mit einer brennenden Zigarette eingeschlafen! Meine ganze Wohnung ist verbrannt! Ich komme gerade aus dem Krankenhaus. Die ganze Nacht lag ich auf der Intensivstation mit einer Rauchvergiftung! Was soll ich denn nur machen?"

Ich hörte nur noch Heulen und Husten. Sofort machte ich mich auf den Weg zum Ort des Geschehens. Vor der Tür stand ein total verwirrter Andreas, dem allerdings außer einem Verband am Arm nichts zu fehlen schien.

Wir gingen zusammen in seine Wohnung, um uns den Schaden anzusehen. Sein Bett war total verbrannt. Nur der Metallrahmen stand noch. Der Kleiderschrank hatte auch was abbekommen. Sämtliche Fensterscheiben hatten Sprünge. Die Wände und alle noch erhaltenen Möbel waren total verrußt. Der Ruß hatte jede Ecke der Wohnung erreicht. Sogar das abgelegene Badezimmer war total schwarz. Und der Gestank! Trostlos, sage ich euch.

Ich schnappte mir den immer noch heulenden Andreas und nahm ihn mit zu mir. Wo sollte er auch hin? Ich gewährte ihm Asyl. Er durfte sich in meinem Wohnzimmer auf der Couch einrichten und sich erst mal etwas beruhigen. Danach erzählte er mir alles genau. Na ja fast alles. Ich fand die Entlassungspapiere vom Krankenhaus. Da stand drin, dass er einen Alkoholspiegel von eins Komma fünf Promille bei seiner Einlieferung gehabt hatte. Damit konfrontiert, rückte er endlich mit der vollen Wahrheit heraus.

Nach dem schönen Wochenende mit uns ging ihm abends in seiner Wohnung auf, was er verloren hatte. Er betäubte sich mit etlichen Bierchen, legte sich ins Bett und schlief mit der brennenden Zigarette ein.

Irgendwann wurde er wach, weil es neben seinem Ohr knisterte. Er sah eine kleine Flamme aus seinem Kopfkissen züngeln und war schlagartig hellwach. Zuerst dachte er, dass er das kleine Flämmchen mit Wasser löschen könne. Er rannte ins Bad und schnappte sich einen Zahnputzbecher voll Wasser und kippte es auf die Flammen. In dem Moment schossen die Flammen aus der Matratze. Dort musste sich schon eine geraume Zeit ein Schwelbrand breit gemacht haben. Andreas bekam Panik. Also zurück ins Bad und diesmal den Putzeimer mit Wasser gefüllt, zurück ins Schlafzimmer und aufs Bett gekippt. Die Flammen loderten noch heller und es machte sich beißender Rauch breit.

Andreas fand in diesem Rauch sein Handy nicht. Darum riss er die Tür zum Hausflur auf und brüllte so laut er konnte: „Es brennt! Es brennt! Hilfe!"

Danach rannte er ohne zu überlegen immer zwischen Badezimmer und Schlafzimmer hin und her und kippte einen Eimer Wasser nach dem anderen in die Flammen. Er konnte vor lauter Rauch nichts mehr sehen und drohte langsam zu ersticken.

Eine Nachbarin zerrte ihn aus der Wohnung und brachte ihn zu einem anderen Nachbarn. Andreas war nur mit seiner Unterhose und einem T-Shirt bekleidet und hustete wie wild. Kurze Zeit später trafen mehrere Einsatzfahrzeuge der Feuerwehr ein, die Polizei und der Notarzt. Die brachten ihn ins Krankenhaus. Andreas bekam nicht mehr mit, ob das Feuer gelöscht werden konnte, bevor es die anderen Wohnungen erreichte.

Mittlerweile wussten wir, dass es ihnen gelungen war. Nur seine Wohnung und das Treppenhaus waren betroffen. Er hatte unwahrscheinliches Glück gehabt. Ihm wurde von den Flammen nicht ein Haar gekrümmt. Der Verband stammte von den Infusionen, die sie ihm im Krankenhaus gegeben hatten.

Jetzt hatte ich also auf unbestimmte Zeit einen Hausgast, der moralisch total auf dem Tiefpunkt war. Charlotte, der Magnet für alle Chaoten dieses Universums!

Die Bestandsaufnahme nach dem ersten Schrecken zeigte noch Folgendes. Andreas hatte an dem Sonntagabend des Brandes fast seine komplette Wäsche gewaschen. Da er aber keine Lust verspürte, diese noch zusammenzulegen und wegzuräumen, schob er sie kurzerhand in großen Plastikwannen unter sein Bett. So ein Pech aber auch.

Sein Chef hatte ihm ein paar Klamotten gekauft und ins Krankenhaus gebracht. Das war jetzt alles, was er besaß. Eine Hose, zwei Pullis, zwei T-Shirts, jeweils einen Fünferpack Unterhosen und Socken und ein Paar Schuhe. Also ließ ich einen Notruf los. Mein Vater sortierte alles aus, was ihm nicht mehr passte, und auch mein Bruder machte Kleiderinventur. Danach ging ich wieder auf Hamstertour in meiner gesamten Nachbarschaft und Verwandtschaft. Andreas war es zwar unheimlich peinlich, dass ich jedem von seinem Missgeschick erzählte, aber im Nachhinein war er dann doch froh.

Verständlicherweise wollte seine alte Vermieterin nicht, dass er nach der Renovierung der Brandwohnung dort wieder einzog. Andreas musste sich eine neue Bleibe suchen. Zuerst antworteten wir auf mehrere Wohnungsanzeigen. Wir besichtigten zwei Wohnungen und nahmen die eine direkt. Eine wunderschöne Dachwohnung. Zwei Zimmer, eine große Küche und ein Bad mit Badewanne. Und das Beste war, sie war renoviert und sofort frei. Andreas bekam kurz nach Ostern den Wohnungsschlüssel und konnte einziehen.

Ganz so schnell ging es dann natürlich nicht. Es gab dort nur einen Anschluss für einen Gasherd. Den Elektroherd musste er verkaufen und sich einen Gasherd besorgen. Aber auch das war nur eine Sache von wenigen Tagen.

Wir verbrachten einen großen Teil der Osterfeiertage in seiner alten Wohnung, um noch vor dem Umzug den Ruß von den Möbeln zu schrubben. Was war der hartnäckig! Wir wischten alle Möbelstücke erst mit normaler Seifenlauge ab. Danach, in der neuen Wohnung, das Ganze noch einmal mit einem speziellen Fettlöser. Jetzt war der Brandgeruch kaum noch zu riechen. Gott sei Dank gibt es heutzutage spezielle Sprays, die alle Gerüche absorbieren. Damit rückte er dem gesamten Inventar dann auch noch zu Leibe.

Wir konnten einen großen Wohnzimmerschrank, einen Küchenschrank, die Spüle, Waschmaschine und Trockner, den Kühlschrank, die komplette Essecke, seine Hifi-Anlage, einen Couchtisch, seinen Schreibtisch mit Computer und Drucker sowie einen leicht angekohlten Schlafzimmerschrank retten. Außerdem diverse Kleinteile.

Seine CDs – davon hatte er wohl Hunderte – waren auch noch okay, allerdings waren die Hüllen durch die große Hitze total verbogen. Dank der vielen Spenden hatte er aber bald wieder ein Bett und einen Fernseher. Beides hatte seine Schwester seit langer Zeit in ihrer Abstellkammer zwischengelagert. Meine Nachbarin steuerte eine Mikrowelle, eine Matratze und ein Badezimmerschränkchen bei. Bettwäsche von meiner Freundin und ein weiteres Regal für sein Schlafzimmer von mir kamen auch hinzu.

Bald war er wieder komplett ausgestattet. Ihm fehlte nur noch eine Couch. Die wollte er sich selbst besorgen. Jetzt wartete er auf den Anschluss seines Stroms. Und das stellte sich als weitaus schwieriger dar als alles andere. Seinem Vormieter war der Strom abgestellt worden. Daraufhin hatte sich der Gute den Allgemeinstrom des Hauses für seine Zwecke abgezapft und dabei wohl so Einiges verstellt.

Andreas wollte noch so lange bei mir bleiben, bis das Problem gelöst war. Mittlerweile – dreieinhalb Wochen später - ging er mir aber dermaßen auf die Nerven, dass ich ihn fristlos vor die Tür setzte. Nach einer von vielen Nächten ohne ausreichenden Schlaf hielt ich es einfach nicht mehr aus. Mehrmals wurde ich durch seine Hustenanfälle geweckt. Er bekam regelrechte Erstickungsanfälle, die mich in helle Panik versetzten. Trotzdem weigerte er sich Medikamente zu nehmen. Seine Rauchvergiftung, die vielen Zigaretten und eine Erkältung gaben ihm wohl den Rest.

Charlotte ist zwar ein gutmütiges Schaf, aber auch ihr platzt ab und zu der Kragen. Und wenn es dann so weit ist, gibt es kein Pardon! Andreas akzeptierte das klaglos und zog in seine noch stromlose Wohnung ein. Durch diese Notsituation schaffte er es tatsächlich, schon am nächsten Tag die lang ersehnte Elektrizität zu erhalten.

Mein Leben ohne Sex

Danach konnte ich damit beginnen, mich langsam wieder zu erholen. Endlich wieder alleine in meiner Wohnung gestaltete ich mein gesamtes Wohnzimmer neu. Alles strahlte im Kolonialstil mit afrikanischen Dekorations-Stücken. Echt gemütlich.

Endlich konnte ich mich wieder meinen Hobbys widmen. Außer Schreiben ist dies das Malen mit Acrylfarben auf Leinwänden. Mein Flur gleicht heute einer Galerie.

Ich stürzte mich mir wahrer Inbrunst ins Leben. Ständig ging ich in den Wald wandern und umarmte auch manchmal aus purer Begeisterung einen Baum. Wenn euch eine Irre im Wald begegnet, die laut singt oder einen Baum im Arm hat und an der harzigen Rinde schnuppert – das bin ich. Mein Blick öffnete sich wieder für das Schöne im Leben.

Ihr werdet es nicht glauben, aber auch heute noch – Jahre später – ist Andreas ein fester Bestandteil meines Lebens. Wir sind richtig gute Freunde geworden. Jeden Sonntag kommt er uns besuchen und wir trinken zusammen Kaffee und spielen Kniffel, oder wir gehen zusammen spazieren. Das hat die nötige Distanz bewirkt. Als Freund ist er wirklich gut – nur als der Mann an meiner Seite – das ging nicht.

Nun hatte ich schon seit ewigen Zeiten keinen Sex mehr. Das erscheint euch vielleicht nicht allzu schlimm. Für mich war das allerdings so was von nervig, ich kann es kaum in Worten ausdrücken. Das Verlangen kam in Wellen über mich. Ich überlegte bei jedem Mann, der sich mit mir unterhielt, ob er wohl etwas für mich sei – egal wie alt oder jung er war.

Ich begann Bauarbeitern, Briefträgern, Paketboten und selbst Kollegen auf den Hintern zu starren. So tief war ich gesunken.

Dann hatte ich mal wieder drei bis vier Wochen Ruhe. Man konnte sich gesittet mit mir unterhalten, bis ... ja, bis mich die nächste Welle erwischte.

Das Ganze war sehr aufreibend. Mittlerweile waren fünf Jahre vergangen, seit ich mit Ali das letzte Mal zusammen gewesen war. Fünf ganze Jahre ohne Sex. Ich begann an den Tapeten zu kratzen vor lauter Verzweiflung.

Doch dann sagte ich mir: ‚Du bist noch nicht alt, es muss einfach noch irgendwo einen Mann für dich geben!'

Und ich kam auf eine neue Idee.

Das Internet

Schon immer liebte ich Computer und seit einiger Zeit hatte ich auch einen zuhause stehen. Allerdings habe ich erst seit einem Jahr einen Internetzugang.

Ich meldete mich also kurzerhand in einem örtlichen Chatraum an, um mal zu schauen, ob ich meine Abende nicht sinnvoller nutzen könne, als immer nur Fern zu schauen.

Und siehe da, es war ganz einfach.

Man füllt ein Profil aus, gibt sich einen Nicknamen und schon kann es losgehen.

Sofort schrieb mich einer an. Er nannte sich ,Callboy'. ,Witzig', dachte ich. Aber der war tatsächlich einer. Sein unverschämtes Angebot ließ daran keinen Zweifel.

Oh weh, waren denn alle hier so drauf?

Jetzt begann ich schon meine Entscheidung für das Internet in Frage zu stellen. Aber ich wollte es genauer wissen.

Ich schaute mir also unverbindlich ein paar Profile von Männern in meinem Alter an, und wenn mir eines zusagte, schickte ich dem Besitzer einen Smiley. Dies bedeutete, ich finde dich nett und würde gerne mehr über dich erfahren. Meistens kam auch sofort eine Antwort.

Anfangs hatte ich noch kein Bild von mir drin, da ich keine Digitalkamera besaß. Also kamen natürlich immer die Fragen nach meinem Aussehen. Meine Beschreibungen von mir kamen ziemlich gut bei dem jeweiligen Gegenüber an. Meine Chatfreunde häuften sich, meine Freundesliste wuchs.

Dann bot mir eine Freundin an, mich zu fotografieren und mir das Bild per E-Mail zu schicken. So konnte ich endlich ein Foto von mir in mein Profil stellen. Allerdings durften die Männer das nur auf Anfrage sehen, bzw. wenn sie auf meiner Freundesliste standen.

Zwischendurch meldeten sich immer wieder Männer, die nur das Eine wollten. Wer allzu hartnäckig war, der wanderte auf meine Blacklist. Das bedeutete, er wurde sozusagen gesperrt – er konnte mich nicht mehr anmailen. Wie praktisch. Das wäre noch was für das wahre Leben!

Ich entschied mich irgendwann, dass ich mich im Internet einfach nur unterhalten wollte. Das mit den Männern würde da wohl nichts werden. Außerdem hatte ich schon zu viel Schreckliches gehört über irgendwelche Axtmörder, die sich im Internet tummeln und dort ihre nächsten Opfer suchen. Also hatte ich nicht den Mut, mich mit jemandem zu treffen.

Irgendwann sprach mich einer der Chatter an und fragte mich, was ich denn so an hätte. Ich ging zuerst scherzend und später schon ein wenig neugierig darauf ein. Das wurde ein richtig heißer Abend. Nur hatte ich danach ein komisches Gefühl, als hätte ich etwas Verbotenes getan.

Das Spiel wiederholte sich trotzdem wenige Tage später mit einem anderen Chatter, und da ging ich schon wesentlich lockerer damit um. Aber auch hier packte mich danach ein Unwohlsein und ich brach die Verbindung ab.

Mit einem meiner Chatfreunde, er hieß Chris, unterhielt ich mich sehr intensiv, fast täglich. Nach langem Hin und Her hatte er mich dann breitgeschlagen. Er wollte mich treffen. Na ja – er schickte mir ein Foto, auf dem er harmlos wirkte. Wir telefonierten ein paar Mal und ich stimmte einem Treffen zu. Wir hatten per E-Mail und per Telefon schon ziemlich heiß geflirtet. Deshalb erwartete ich einen wunderschönen Abend mit wildem Rumgeknutsche.

Wir trafen uns also und er entpuppte sich als extrem schüchtern. Die Live-Gespräche waren nicht mehr so heiß wie die virtuellen. Aber die Realität ist halt anders. Das Treffen lief total unspektakulär ab und ich kam ungeküsst wieder nach Hause.

Anschließend wurden seine E-Mails noch viel heißer. Er erklärte mir, dass er nicht mit der Tür ins Haus fallen wolle. Er wäre doch ein anständiger Kerl. Darum stimmte ich einem zweiten Treffen zu. Wir trafen uns bei mir zu Hause und ich kam auf die glorreiche Idee, dass wir uns gegenseitig den Rücken massieren könnten. So würden wir leichter Körperkontakt herstellen. Also machte ich schöne Musik und Kerzen an und begann ihn zu massieren. Es schien ihm sehr gut zu gefallen, aber es passierte weiter gar nichts. Okay, warten wir halt auf seine Massage. Die bekam ich dann auch – ganz professionell. Danach zog er sich gleich wieder an und ging heim.

Mittlerweile hatte ich die Lust verloren. Doch so schnell wollte ich auch nicht aufgeben. Wir mailten weiter und er wurde noch viel lockerer und es keimte wieder die Hoffnung auf, bald wieder Sex zu haben.

Ich hatte kurzfristig vergessen, dass wir es hier mit Charlotte, the master of desaster, zu tun hatten.

Chris lud mich zu sich nach Hause ein – er wollte wohl mit seinem Haus angeben. Und Charlotte fuhr hin. Er wohnte ein gutes Stück entfernt – ich musste vierzig Minuten mit dem Auto fahren. Endlich angekommen, begrüßte er mich kühl und zeigte mir sein Haus. Der Fernseher lief und er sollte auch anbleiben. Er wollte sich mit mir einen Film anschauen ... Was? – Dafür war ich so weit gefahren? Das konnte doch jetzt nicht wahr sein! Chris legte sich auf einen Teil seiner l-förmigen Couch und wies mir den anderen Teil zu. Innerlich war ich schon am Kochen.

Dann dachte ich mir, was soll's, jetzt wird angegriffen. Denkt an die fünf mageren Jahre und mich hatte gerade wieder eine Welle erfasst.

Ich krabbelte an ihn ran und begann ihn zu küssen. Er machte mit. Das stärkte meinen Mut und ich begann aufs Heftigste zu fummeln. Auch dagegen hatte er nichts.

Dann kam der Hammer! Der Film war aus und er schickte mich nach Hause – einfach so!

Fummulus Interruptus sozusagen.

Da war ich jetzt aber sauer.

Von da an kamen keine E-Mails mehr von ihm. Ich wollte das Ganze noch klären und zu einem anständigen Abschluss bringen. Er antwortete mir, dass ich halt nicht sein Typ war. Das wusste er doch bestimmt schon nach dem ersten Treffen. Warum dann die weiteren Treffen? Na, halt so – ihm war langweilig. Oh weh – jetzt war Charlotte aber mega-sauer.

Er fragte mich, ob ich denn jetzt enttäuscht sei und mies drauf. Darauf sagte ich zu ihm: „Ach nein Chris, ich bin immer gut drauf! ... Und übrigens auch gut drunter!"

„Oh, dann hab ich ja was verpasst! Sollen wir uns nicht doch noch mal treffen?", fragte dieser Scherzkeks.

Aber wenn bei Charlotte mal etwas vorbei ist, dann ist es vorbei. Chris baggerte auf einmal wie blöde – umsonst. Ich blieb eiskalt. Irgendwann gab er auf.

Endlich! – Der Richtige?

Etwa um diese Zeit blätterte ich wieder in verschiedenen Profilen herum. Ich gab meine Suchkriterien ein: Männlich, zwischen vierzig und zweiundfünfzig Jahren alt und aus der Gegend.

Der PC spuckte wieder etliche passenden Profile aus, die ich genüsslich durchstöberte. Meistens vergab ich meine Smileys dafür, dass ich Gemeinsamkeiten entdeckte. Einen ähnlichen Musikgeschmack oder ähnliche Hobbys zum Beispiel.

Aber ein Profil öffnete ich und sah ein Foto, das mich schlichtweg umhaute. Ein Lächeln hatte der Mensch drauf! Mir ging es durch und durch. Wohl auch wegen der fünf Jahre währenden Dürre, aber er sah wirklich zum Anbeißen aus. Ich bin eigentlich sehr stolz darauf, dass ich bei Menschen nicht auf das Äußere schaue. Jeder erhält bei mir die Chance, mir seine inneren Werte zu offenbaren, sogar wenn er wilde blonde Löckchen und blaue Augen hat.

Aber hier ... Ich sah einen Mann mit braunen Haaren und braunen Augen, mit einem Schnauzbart und er schien ein gestandenes Mannsbild zu sein. Nicht so ein kindliches halbes Hemd wie Chris.

Was tut so ein Mann im Internet? Der hatte bestimmt keine Probleme Frauen kennenzulernen. Ich las dann doch noch das Profil. Er war einundfünfzig, zwar schon nahe der von mir gesteckten Obergrenze, aber noch drin. Sein Musikgeschmack – Oldies. Na ja – warum nicht. Sonst stand da nicht viel. Aber egal! Ich schickte ihm einen Smiley.

Postwendend kam die Antwort.

„Vielen Dank für den Smiley. Womit habe ich mir den denn verdient?"

Und ich antwortete wahrheitsgemäß: „Du bist der Erste, der einen Smiley für sein Aussehen bekommen hat!"

Er fühlte sich sehr geschmeichelt und wir begannen lebhaft miteinander zu mailen. Auf Anhieb konnten wir uns super unterhalten. Die E-Mails flogen nur so hin und her. Und da das System laufend irgendwelche Macken hatte und abstürzte, tauschten wir unsere Messenger-Adressen aus, damit wir ungestört weiter chatten konnten. Bald ertappte ich mich, dass ich nur noch mit ihm chattete, ich wartete schon darauf, dass er endlich online war. Wir hatten immer viel Spaß. Ich konnte Manfred alles erzählen und es schien ihn wirklich zu interessieren.

Unsere E-Mails wurden heißer und heißer. Wir plauderten über jedes intime Detail und diesmal schämte ich mich nicht. Es kam mir ganz selbstverständlich vor, über unsere sexuellen Bedürfnisse zu sprechen. Seither weiß ich auch, was die Insider unter Cyber Sex verstehen.

Als uns die Mailerei nicht mehr ausreichte, begannen wir zu telefonieren. Und auch da nahmen wir kein Blatt vor den Mund. Ich hatte zum ersten Mal in meinem gar nicht mehr so jungen Leben Telefonsex. Das war ja nicht schlecht, trotzdem sagte ich ihm irgendwann: „Manfred, ich habe genug von dem theoretischen Rumgeschmuse. Das gefällt mir gar nicht."

Darauf meinte er lapidar: „Dafür, dass du es so gar nicht magst, machst du das aber unheimlich gut! Doch wir können uns gerne mal treffen!"

Ich konnte sein breites Grinsen praktisch sehen.

Wir verabredeten uns für den nächsten Donnerstag am Einkaufszentrum. Ich sollte am Blumenladen auf ihn warten.

Mann, war ich aufgeregt. Ich schmiss mich in Schale und machte mich ganz besonders sorgfältig zurecht. Auf keinen Fall durfte ich das versauen.

Meine Freundin Andrea meinte zwar, ich solle ihn zehn Minuten warten lassen. Eine Frau sei niemals pünktlich. Aber das hätte ich niemals ausgehalten. Ich war schon fünf Minuten vor der Zeit da und hoffte ihn zu erkennen. Er hatte gesagt, ich solle nach dem Funkturm Ausschau halten. Erst da sah ich in seinem Profil bei der Größe nach: einssiebenundneunzig groß – wow! Bisher hatte ich immer Männer in meiner Größe oder sogar kleiner. Ich war mit einszweiundsiebzig Metern auch nicht gerade klein geraten.

Und jetzt endlich ein Mann, zu dem ich aufschauen durfte. Hach, ich war fürchterlich aufgeregt.

Ich stand demnach schon überpünktlich am Blumenladen und hielt Ausschau nach ihm. Und auf einmal sprach mich jemand von hinten an: „Hallo schöne Frau, gehe ich recht in der Annahme? Bist du die Charlotte?"

Und wie ich das war. Ich grinste ihn breit an und hauchte ein schüchternes: „Ja, ich bin's!"

Ich war hin und weg. Er strahlte nicht weniger als ich, drückte mir einen Kuss auf die Wange und schnappte meine Hand.

„Los, wir gehen einen Kaffee trinken!"

Sprach's und schleppte mich in die nächste Cafeteria. Meine Hand ließ er nicht mehr los. Auch nicht, als wir saßen und Kaffee bzw. Tee bestellten.

Oh, mein Gott! War das ein Mann! Er lächelte mich an und ich strahlte zurück. Das hatte aber auch sofort gefunkt – auf's Heftigste. Ich musste träumen. Das konnte doch einfach nicht wahr sein. Die Charlotte bekam ihren Traummann? Und nicht nur das Äußere stimmte.

Er redete wie ein Wasserfall. Ich kam gar nicht zu Wort. Das war ganz und gar nicht normal. Gewöhnlich rede ich alle in Grund und Boden. Aber es machte Spaß ihm zuzuhören. Wenn er lachte, bekam er jede Menge Fältchen um die Augen. Einfach zum Anbeißen!

Dann wollte er mir unbedingt etwas beichten.

‚Oh je, was kommt jetzt?', dachte ich mir.

„Ich habe im Profil geschrieben, ich sei einundfünfzig Jahre alt. Das stimmt nicht ganz. Das ist mein Geburtsjahr. Ich bin somit schon sechsundfünfzig." Und mit einem Grinsen fügte er hinzu: „Ich gehe aber auch für einundfünfzig durch!"

Und da hatte er recht. Ich konnte ihm nicht böse sein. Im Gegenteil! Wenn er mit seinem Alter nicht geschummelt hätte, dann hätten wir uns nicht kennengelernt. Ihr erinnert euch? Ich suchte Männer zwischen vierzig und zweiundfünfzig Jahren.

Um halb acht sagte ich ihm, dass ich nach Hause müsse, um meinen Sohn ins Bett zu schaffen.

Da schaute er ganz enttäuscht drein und meinte: „Das ist aber schade. Der Abend hat doch erst begonnen ..."

„Ich muss aber auf jeden Fall heim. Du kannst ja noch auf einen Kaffee mit zu mir kommen."

Das ließ Manfred sich nicht zweimal sagen. Wir zahlten und ich ging noch mit zu seinem Auto, um ihm meins zu zeigen. Schließlich musste er mir jetzt ja folgen. Dort bekam ich dann einen solch heftigen Kuss, dass ich fast das Atmen vergessen hätte. Mit zitternden Knien eilte ich zu meinem Smart und jagte in Richtung Heimat, nicht ohne Manfred im Rückspiegel im Auge zu behalten. Den durfte ich auf keinen Fall unterwegs verlieren.

Ich hatte es so im Gefühl, dass eine heiße Nacht auf mich wartete.

Kaum waren wir zuhause, kochte ich ihm einen Kaffee und setzte ihn ins Wohnzimmer. Meinen Sohn brachte ich in Rekordzeit ins Bett, um mich zu Manfred auf die Couch zu gesellen. Er begann mich unmittelbar zu küssen, bis mir schwindelig wurde. So war ich noch niemals in meinem Leben geküsst worden. Manfred tat alles sehr respektvoll, aber fordernd – er wusste genau, was er wollte, und ich auch.

Ich ließ ihn machen und begann zu genießen. Ich brauchte hier keine Überzeugungsarbeit leisten. Es war alles ganz natürlich und selbstverständlich und so landeten wir auch am gleichen Abend schon zusammen im Bett.

Und endlich bekam ich das, was ich so lange vermisst hatte. Sex – und nicht einfach nur Sex, nein! Den besten Sex meines Lebens. Und auch nicht nur einmal – mehrmals. Es war wie ein Taumel.

Manfred stand darauf, ziemlich deftig zu sprechen, während er mit mir schlief. Das war zwar anfangs sehr ungewohnt, aber auch sehr aufreizend. Manfred war kein unbeholfener Erstlingstäter wie Werner, kein zurückhaltender Liebhaber wie manch anderer seiner Vorgänger und schon gar nicht impotent. Oh ja! Charlotte kam voll auf ihre Kosten.

Wir telefonierten täglich stundenlang und jeden zweiten Tag sahen wir uns und es wurde immer besser.

Aber Charlotte wäre nicht Charlotte, wenn nicht noch irgendetwas passiert wäre. Es war ja auch zu schön, um wahr zu sein.

Eine Woche nach unserem ersten Treffen rief Manfred wieder bei mir an. Er müsse mir etwas Wichtiges sagen. Er wollte eigentlich schon seit Längerem mit mir sprechen, aber es gab nie den richtigen Moment dafür.

Und dann kam es:

„Charlotte, ich muss dir etwas sagen. Ich habe eine Frau, und wir sind seit über zwanzig Jahren verheiratet. Ich werde sie nicht verlassen, obwohl wir heute nur noch wie Bruder und Schwester zusammenleben. Ich wollte es dir schon am ersten Abend sagen, aber die Ereignisse hatten sich an diesem Abend derart überstürzt, dass ich nicht mehr dazu kam. Und dann zögerte ich es ein wenig heraus, da ich dich nicht gleich wieder verlieren wollte. Ich könnte es sehr gut verstehen, wenn du unter diesen Umständen nicht mit mir zusammenbleiben wolltest. Aber ich fände es sehr schade, da wir beide uns in jeder Hinsicht so gut verstehen."

Ich konnte erst einmal gar nichts sagen. Das war ein Schock! Natürlich hatte ich in erster Linie jemanden gesucht, um endlich wieder Sex zu haben. Aber für kurze Zeit hatte ich mir schon ein Leben mit Manfred an meiner Seite ausgemalt. Und jetzt ...

Ich bekam das heulende Elend. Schon wieder das typische Charlotte-Pech. Es gibt wohl wirklich auf der ganzen weiten Welt keinen Mann, der mich wirklich will und nur mich – mit Haut und Haaren, mit all meinen Macken. Ich hätte es mir ja denken können. Ein solcher Mann musste ja vergeben sein.

Der Schock saß tief. Das musste ich erst mal verdauen. Ich sagte Manfred, dass ich darüber nachdenken müsse.

Und dann dachte ich gründlich darüber nach. Manfred redete auch noch ein Weilchen auf mich ein und erinnerte mich daran, wie schön unsere gemeinsame Woche bis dato gewesen war.

Schlussendlich entschied ich mich dazu, vorerst bei ihm zu bleiben. Ich hätte es nicht übers Herz gebracht, ihn nicht mehr zu sehen. Wir kannten uns zwar erst wenige Wochen und davon nur eine persönlich, aber ich hatte noch nie eine so tiefe Verbundenheit gespürt – und natürlich hatte ich noch so viel nachzuholen. Ich wollte jetzt nur an mein Wohl denken. Und Manfred tat mir unendlich gut. Endlich hatte ich wieder das Gefühl, eine begehrenswerte Frau zu sein.

Parallel konnte ich ja die Augen offen halten und weiter nach einem Mann für mich ganz alleine suchen. Das sagte ich Manfred auch. Ich bin halt immer offen und ehrlich. Er antwortete mir, dass er daran nichts ändern könne und das so akzeptieren müsse.

Danach begann die schönste Zeit meines Lebens. Wir sahen uns jeden Samstagabend und öfter mal zwischendurch am Nachmittag. Wann immer er es einrichten konnte, war Manfred bei mir. Wenn ich ihn brauchte, war er immer für mich da. Zu dieser Zeit musste ich wieder mal umziehen. Manfred half mir auch dabei mehrere Tage lang. Wir konnten prima zusammen arbeiten. Alles lief wie geschmiert. Er pinselte die Tapeten ein und ich hängte sie auf, wir schleppten die Möbel gemeinsam durch die Gegend und bauten sie zusammen auf. Es machte riesigen Spaß.

Manfred kann super kochen und backen. Auch da inspirierte er mich ständig. Ich backe mittlerweile mein Brot selbst und koche wieder viel lieber – nach Rezepten à la Manfred.

An Weihnachten und Silvester vermisste ich ihn sehr, aber ich hatte ja meinen liebenswerten Chaoten Andreas.

Auf ihn ist an Sonn- und Feiertagen immer Verlass. Das freut mich natürlich immens. Wir sind richtig gute Freunde geworden. Das ist der große Vorteil an meiner seltsamen Beziehung zu Manfred. Ich kann mich weiter mit Andreas treffen. Die beiden haben sich kennengelernt und verstehen sich ganz gut. Trotzdem versuche ich ein Treffen zu vermeiden.

Das Hier und Heute

Seit kurzem bin ich fünfundvierzig Jahre alt.

Ich bin jetzt seit einem halben Jahr mit Manfred zusammen und natürlich immer noch glücklich. Ich suche auch nicht mehr nach einem alternativen Mann. Manfred gibt mir im Moment alles, was ich brauche. Er inspiriert mich jeden Tag aufs Neue und ich bin ein ganz anderer Mensch geworden. Ich bin ausgeglichen, habe wieder eine gehörige Portion Selbstbewusstsein und bin immer gut gelaunt. Warum sollte ich daran etwas ändern?

Ihm geht es nicht anders. Wir tun uns gegenseitig unheimlich gut. Und das kommt auch seiner Frau zu Gute. Dadurch halten sich meine Gewissensbisse in Grenzen.

Manchmal überfällt mich noch ein Anfall von Traurigkeit. Immer dann, wenn ich Pärchen in alltäglichen Situationen zusammen sehe. Wenn sie beim Einkaufen miteinander diskutieren, in der Stadt Hand in Hand spazieren gehen, oder wenn meine Kollegen von ihren glücklichen Ehen erzählen.

Aber ich kenne auch sehr viele unglückliche Beziehungen. Wenn ich über die nachdenke, bin ich wieder froh meinen Manfred zu haben. Wir werden nie über die alltäglichen Kleinigkeiten streiten wie nicht verschraubte Zahnpastatuben oder nicht heruntergeklappte Klobrillen.

Ich brauche seine Wäsche weder zu waschen noch zu bügeln und muss nicht für ihn putzen. Wir haben nur schöne Zeiten miteinander.

Vielleicht ist es genau das, was ich wirklich brauche und weshalb ich noch nie eine Beziehung hatte, die länger als zweieinhalb Jahre dauerte.

Eine weiteres gutes Beispiel für eine nicht funktionierende Beziehung hatte ich immer direkt vor Augen.

Meine Eltern leben schon über fünfundvierzig Jahre zusammen. Sie hatten beide nie einen anderen Partner. Soweit klingt das gut. Aber es gibt sie nur noch als das Ehepaar. Beide haben ihren eigenen Charakter völlig aufgegeben. Ihre Hobbys, ihre Freunde, sogar die Verwandten. Sie leben in ihrer eigenen kleinen Welt und beschuldigen sich insgeheim gegenseitig, daran schuld zu sein. Sie haben das Reden verlernt. Die Spannung verloren. Die Liebe verloren.

So möchte ich auch nicht enden. Also beende ich eine Beziehung immer dann, wenn ich das Gefühl habe, meine Persönlichkeit zu verlieren.

Meine bisherigen Erlebnisse müssten mich eigentlich schlau gemacht haben. Aber irgendwie bezweifele ich das. Ich bin immer wieder auf Männer hereingefallen, die es nicht schafften, auf eigenen Beinen zu stehen, (leider steht ihnen das nicht auf der Stirn geschrieben) oder auf Männer, die nicht zu haben sind. Und wenn man es dann bemerkt, stehen einem immer die Gefühle im Weg.

Ich kann auch nicht sagen, dass ich jetzt die Schnauze voll habe von den Männern. Im Gegenteil. Ich gebe die Hoffnung nicht auf, dass irgendwo noch ein manierliches Exemplar aufzutreiben sein muss.

Mit fortschreitendem Alter wird es nicht unbedingt leichter Männer zu finden, die nicht schon durch irgendwelche Beziehungen geschädigt sind. Doch an mir ist das ganze Chaos ja auch nicht spurlos vorrübergegangen. Eines habe ich allerdings nie verloren.

Meinen Glauben an das Gute im Menschen – also auch im Manne – und meinen Humor.

Manch einer behauptet zwar, es wäre mittlerweile nur noch Galgenhumor, doch kann ich mich wirklich noch immer über Kleinigkeiten so sehr amüsieren, dass ich das eigentlich bezweifele. Jeder der mich kennt wird von meiner ständig guten Laune angesteckt. Das kann nicht alles gespielt sein. Natürlich hatte und habe ich auch ab und zu den einen oder anderen Durchhänger, aber das Leben ist viel zu kurz und spannend, um in ständiges Brüten oder Trübsalblasen zu verfallen.

Es wird also auch in Zukunft noch Einiges passieren in Charlottes Leben. Somit ist eine Fortsetzung dieses Werkes nicht ausgeschlossen.

Bis dahin wünsche ich euch eine schöne Zeit, genießt das Leben in vollen Zügen.

Eure Charlotte!